どこでも！学ぶ

2024
年度版

賃貸不動産経営管理士

直前予想模試

賃貸不動産経営管理士資格研究会　編著

建築資料研究社 日建学院

JN017355

はじめに

本格的な夏を迎え、いよいよ令和6年度試験の受験申込みの受付が開始されます。

合格を目指して試験対策を進めるみなさまにとって、「いまの自分の実力で何点とれるのかを確かめておきたい」「本試験形式の問題に少しでも慣れておきたい」など、さまざまなお考えがあって本書を手にされたことと思います。

そのようなニーズにお応えするために、本試験問題の解説と分析を行い、過去9年間の出題傾向に基づく予想模試として、本書を刊行しました。

なお、賃貸住宅の管理業務等の適正化に関する法律（以下「**賃貸住宅管理業法**」という）の完全施行に伴い、2021年度から試験の出題範囲が以下のように変更されました。

---

❶ 管理受託契約に関する事項
❷ 管理業務として行う賃貸住宅の維持保全に関する事項
❸ 家賃、敷金、共益費その他の金銭の管理に関する事項
❹ 賃貸住宅の賃貸借に関する事項
❺ 賃貸住宅管理業法に関する事項
❻ 管理業務その他の賃貸住宅の管理の実務に関する事項

本書は、過去9年間の出題傾向を踏まえ、各種改正などを加味して今年度の出題予想を行い、**本試験形式3回分・計150問**の模擬試験問題を収録しました。そして、みなさまの学習上の便宜を考慮し、3回の問題をそれぞれ「**ライト編**」「**ベーシック編**」「**マスター編**」という、3段階の難易度で作成しました。難易度の異なる問題を何度も繰り返し解き、要点を簡潔にまとめた解説を読み込むことで、合格に必要な知識が着実に身につきます。

なお、解答・解説には、建築資料研究社発行の『2024年度版 どこでも！学ぶ賃貸不動産経営管理士 基本テキスト』の参照先を掲載しています。また、一部の問題には、似た問題をもっと解いて演習をしたいみなさま向けに『**2024年度版　どこでも！学ぶ賃貸不動産経営管理士過去問題集**』から該当の問題をピックアップして、参照先として載せました。シリーズのテキスト、問題集も併せてご活用いただければ、さらなる理解が深まるものと確信します。

さらに、本書巻頭には、特集1として近年の本試験の傾向をコンパクトにまとめた「**本試験の出題分析**」を、また、特集2として頻出テーマの要点を的確にまとめた「**超頻出テーマまとめ**」を、それぞれ収録しましたので、参考にしていただけましたら幸いです。

賃貸住宅管理業法では、賃貸住宅管理業者の事務所等に**業務管理者**の設置を義務づけていますが、その資格要件のひとつとして賃貸不動産経営管理士が位置づけられたことから、その社会的な役割は今後確実に大きくなります。

読者のみなさまが本書を十二分に活用され、みごと合格の栄冠を勝ち取られますことを、心から願っております。

2024年7月

賃貸不動産経営管理士資格研究会

＊＊＊＊＊＊＊＊＊＊＊＊ 本書の特長 ＊＊＊＊＊＊＊＊＊＊＊＊

　本書は、令和6年度試験の合格を目指す方に"**本番力**"を高めてもらうための予想模試です。ぜひ、本試験と同じ四肢択一式・50問を120分以内で解いてみてください。難易度の異なる3種類の模試を習熟度に合わせてチャレンジできるので、本番前の腕試しにうってつけです。

　また、出題分野別の頻出テーマやその要点をまとめた「**巻頭特集**」をよく読んで、本試験までの残された時間を有効に活用しましょう！

❶ 本番の雰囲気で模擬試験問題にチャレンジ！

　　本番の臨場感を再現するために、問題文は本試験とほぼ同じサイズで収録しました。しかも、各問題は本体から取り外せますので、模擬試験感覚でチャレンジできます！

❷ 最近の出題傾向に合わせた問題形式

　　問題の出題方法は、単純な四肢択一形式だけでなく、最近の出題傾向に合わせて個数選択や組合せ選択の形式も取り入れ、**50問×3種類＝150問**を収録しました。

❸ 難易度の異なる3種類の予想模試を収録

　　ご自身の学習の習熟度に合わせて取り組めるように、以下の基準で3種類の予想問題を作成しました。各問題冊子は本体から取り外してお使いいただけます。

●**ライト編**　　……目標正答率8割（合格基準点40点以上）
●**ベーシック編**……目標正答率7割（合格基準点35点以上）
●**マスター編**　……目標正答率6割（合格基準点30点以上）

※賃貸不動産経営管理士協議会が実施する、賃貸不動産経営管理士講習（以下、「免除講習」という）を受講した方の修了の証しとして付与される**5問免除**については、考慮しておりません。

---

❹ ポイントを押さえたわかりやすい解説

　　初めて受験される方でも正解の根拠がわかるように、解説は選択肢ごとに簡潔な内容にまとめました。

❺ 解説内容は基本テキスト、過去問題集とリンク！

　　解説には、弊社発行の『2024年度版 どこでも！学ぶ 賃貸不動産経営管理士 基本テキスト』の参照先を表示しました。補足説明として基本テキストを併せて活用することで、さらなる理解が深まり、追加情報も得られます。また、一部の問題では、同シリーズの『2024年度版 どこでも！学ぶ 賃貸不動産経営管理士 過去問題集』から類題の掲載ページを併記。同書がお手元にある方は、特に間違えた問題で参照してみてください。

●本書執筆の基準●

　本書のうち法令等に関する記述については、**令和6年4月1日現在で施行されている**規定（関係機関による関連告示、通達等を含む）に基づいて編集しています。

＊＊＊＊＊＊＊＊＊＊＊＊ 試験の概要 ＊＊＊＊＊＊＊＊＊＊＊＊

●令和6年度 賃貸不動産経営管理士試験

試験日時	令和6年 **11月17日（日）** 13:00 ～ 15:00（120分間）
試験会場	北海道、青森、岩手、宮城、福島、群馬、栃木、茨城、埼玉、千葉、東京、神奈川、新潟、石川、長野、静岡、岐阜、愛知、三重、滋賀、奈良、京都、大阪、兵庫、島根、岡山、広島、山口、香川、愛媛、高知、福岡、熊本、長崎、大分、宮崎、鹿児島、沖縄　　　　　　　　　　　　　（全国38地域）
受験料	12,000円（税込）
出題形式	四肢択一、50問　※令和5年度・6年度の免除講習の修了者は45問
受験要件	なし（どなたでも受験可能）
資料請求・受験申込受付	令和6年 **8月1日（木）～9月26日（木）** ※ 資料請求期間は令和6年9月19日（木）PM12:00まで
合格発表	令和6年12月26日（木）予定
試験出題範囲	❶ 管理受託契約に関する事項 ❷ 管理業務として行う賃貸住宅の維持保全に関する事項 ❸ 家賃、敷金、共益費その他の金銭の管理に関する事項 ❹ 賃貸住宅の賃貸借に関する事項 ❺ 賃貸住宅管理業法に関する事項 ❻ ❶から❺までに掲げるもののほか、管理業務その他の賃貸住宅の管理の実務に関する事項
法令等の適用基準日	問題中の法令等に関する部分は、**令和6年4月1日現在で施行**されている規定（関係機関による関連告示、通達等を含む）に基づいて出題する。

（注意）　最新の試験情報については、試験実施団体から発表されている試験実施要領を、必ずご確認ください。

●試験に関する問合せ先

一般社団法人賃貸不動産経営管理士協議会 受付センター

TEL **0476-33-6660**（平日10時～17時）　FAX **050-3153-0865**（24時間）
協議会ホームページ　https://www.chintaikanrishi.jp

令和6年度試験対策の総決算！
本試験の出題分析

　11月17日（日）の本試験まで、あと数ヵ月。残されたわずかな時間を有効に活用して、合格の栄冠を勝ち取るために必要な試験対策とは何か──。

　過去9回の試験問題の分析に取り組んできた当研究会の実績とノウハウを活かし、各分野の出題傾向をコンパクトにまとめました。本特集を読んで、力を入れるべき分野を確認しましょう。

★ 過去の試験結果

※試験実施団体の公表資料をもとに作成

	受験者数	合格者数	合格率	合否判定基準
令和5年度	28,299名 （11,449名）	7,972名 （3,700名）	28.2% （32.3%）	36点 （31点）
令和4年度	31,687名 （11,306名）	8,774名 （3,475名）	27.7% （30.7%）	34点 （29点）
令和3年度	32,459名 （10,390名）	10,240名 （3,738名）	31.5% （36.0%）	40点 （35点）
令和2年度	27,338名 （8,671名）	8,146名 （2,925名）	29.8% （33.7%）	34点 （29点）
令和元年度	23,605名 （6,882名）	8,698名 （2,641名）	36.8% （38.4%）	40問中29点 （36問中25点）

（注意）（　）内の数値は免除講習の修了者の実績。令和元年度までの問題数は40問（免除講習の修了者は36問）。
　　　　免除講習の修了者は、令和元年度まで4問免除、令和2年度からは5問免除。

○試験についての豆知識

　賃貸不動産経営管理士試験が2015年（平成27年）にスタートした当時、まだ、試験の問題数は**40問**で、**賃貸住宅管理業法もまだ施行されていませんでした**。つまり、本試験の傾向は年を追うごとに変化してきているのです。

　もちろん、過去問はどんどん演習として活用してOK！ 多くの問題は現在でもとても参考になります。ただし、出題傾向を確認するときは、令和2年度以降は試験の内容が一部、変わっていることに注意してください。

★ 試験の全体像

賃貸不動産経営管理士試験は、賃貸不動産経営および賃貸住宅管理に関する6項目の出題範囲から、以下の内容について出題されます。

出題範囲	出題内容	出題数
❶ 管理受託契約に関する事項	管理受託契約の意義／管理受託契約重要事項説明／管理受託契約の締結時書面／標準管理受託契約書	5問
❷ 管理業務として行う賃貸住宅の維持保全に関する事項	維持保全のための管理業務／調査報告・修繕計画／原状回復／建物および地震・火災／屋根・外壁および防水／換気／給水・排水／電気・ガス	14問
❸ 家賃、敷金、共益費その他の金銭の管理に関する事項	賃料／敷金等／会計・分別管理	3問
❹ 賃貸住宅の賃貸借に関する事項	契約の成立・契約の種類／当事者の義務／期間・更新・契約終了／定期建物賃貸借／転貸借（サブリース）／対抗力・地位移転／保証／使用貸借	6問
❺ 賃貸住宅管理業法に関する事項	法の概要と言葉の意味／管理受託／特定賃貸借（サブリース）	13問
❻ ❶から❺までに掲げるもののほか、管理業務その他の賃貸住宅の管理の実務に関する事項	賃貸住宅管理の意義／賃貸不動産経営管理士／募集広告・仲介／諸法令（コンプライアンス）／税金・保険／不動産の証券化	9問

【研究会からのひとこと】

賃貸不動産経営管理士が担う管理業務の中心、**賃貸住宅管理業法**に関する問題は、❺の他に、

❶の分野　管理受託契約重要事項説明、管理受託契約の締結時書面
❷の分野　委託者への報告、秘密を守る義務
❸の分野　分別管理
❻の分野　業務管理者

といった分野でも問われます。その結果、賃貸住宅管理業法の問題は毎年合計で**約20問程度**、つまり、**試験の4割を占めます**。全問正解するつもりで学習を進めましょう。

★ 各出題範囲の頻出テーマ

それぞれの出題範囲ごとに、どういったテーマがよく出題されているのか、当研究会で近年の問題を分析しました。こちらで紹介するテーマはほぼ毎年のように出題されますので、100%解答できるように知識を確実なものにしましょう！

❶ 管理受託契約に関する事項

・管理受託契約の意義
・管理受託契約の重要事項説明

管理受託契約は賃貸管理業の業務の根幹であり、繰り返し出題されています。また、「管理受託契約の重要事項説明」は項目の内容一つ一つが出題の対象になっています。

❷ 管理業務として行う賃貸住宅の維持保全に関する事項

・調査報告・定期修繕
・原状回復
・屋根・外壁および防水

ここ数年、「屋根・外壁および防水」からの出題が比較的多いですが、設備関連のテーマからは満遍なく出題されますので、油断しないように注意！

❸ 家賃、敷金、共益費その他の金銭の管理に関する事項

・賃料の意義
・敷金
・分別管理

金銭管理については、各テーマが満遍なく出題されています。賃料については、供託が成立する条件についてどのように出題されるのか、よく確認しておきましょう。

❹ 賃貸住宅の賃貸借に関する事項

・対抗力・地位移転
・定期建物賃貸借
・賃貸借契約の終了

賃貸借に関する事項は、各契約形態における更新・終了の条件を混同しないように、よく整理しておきましょう。

❺ 賃貸住宅管理業法に関する事項

・賃貸住宅と管理業務の意味
・管理受託
・特定賃貸借重要事項説明

管理受託の実務面の規定は、様々な角度から問われているのできちんと理解しながら学習を進めましょう！

❻ ❶から❺までに掲げるもののほか、管理業務その他の賃貸住宅の管理の実務に関する事項

・賃貸不動産経営管理士
・募集広告・仲介
・不動産の証券化

この分野における広告の規定は宅建業法等からの出題になるので注意！「不動産の証券化」では耳慣れない言葉も多いですが、細かくは問われないので、まるっと覚えてしまいましょう。

**巻頭
特集2**

最終確認！
超頻出テーマまとめ

年々、難しさが増してくる賃貸不動産経営管理士試験。
本試験合格のためには、"頻出テーマを確実に得点しておくこと"、
つまり知識の正確性が求められています。
そこで今回、本書では近年の過去問を徹底分析し、頻出テーマを5つ厳選！
要点をわかりやすくまとめました。
本テーマを読んで、自分の知識を今一度確認しましょう！

管理受託契約の締結

1 管理受託契約の重要事項説明

- 管理業者は、管理受託契約の締結前に、重要事項説明を行う義務がある
  - **注意** 実際に説明を行う者について、法律で定められていない。
    - ➡業務管理者や賃貸不動産経営管理士が行うものとは定められていない
- 管理受託契約を更新する時は、**変更される事項についてだけ**、書面の交付等を行った上での説明をすれば足りる
- 書面を交付して説明をすることが必要
  - **注意** 業務管理者等の記名押印は必要とされていない。

●説明事項

①	商号、名称または氏名、登録年月日および登録番号
②	対象となる賃貸住宅
③	管理業務の内容および実施方法
④	報酬の額、その支払の時期および方法
⑤	報酬に含まれていない費用で、**通常必要とするもの** **注意** 水道光熱費や、空室管理費等
⑥	管理業務の一部の**再委託**に関する事項
⑦	**責任および免責に関する事項** **注意** 賃貸人の賠償責任保険等への加入 ➡保険対応損害を管理業者が責任を負わないとする場合は、その旨を説明
⑧	委託者への報告に関する事項
⑨	契約期間
⑩	入居者に対する管理業務の内容および実施方法の**周知**に関する事項 **注意** どのような方法で入居者に周知するかを説明
⑪	契約の更新および解除に関する事項

> ③ 回数や頻度も説明事項

> ⑥ 再委託する業務の内容、再委託予定者など

> ⑧ 報告内容やその頻度

原状回復

1　貸主負担

- ☑ ポスターやカレンダー等の掲示のために使用した画鋲、ピン等の穴
  - **注意** 下地ボードの張替えを必要としない程度のものに限る。
- ☑ 壁に貼ったポスター、絵画の跡等によるクロスの変色、日照など自然現象によるクロスや畳の変色、フローリングの色落ち
- ☑ 家具の設置による床、カーペットの**へこみ**、設置跡の復旧の費用
- ☑ テレビや冷蔵庫等の後部壁面の黒ずみ（いわゆる電気ヤケ）
- ☑ フローリングの**ワックスがけ**
- ☑ エアコンの内部洗浄
  - **注意** 喫煙等による臭い等が付着していない場合に限る。

> 通常の使用で損耗（そんもう）する範囲のものが主

- ☑ 震災等の**不可抗力**による損耗や、借主と無関係な**第三者**がもたらした損耗等
- ☑ 借主所有のエアコン設置による壁のビス穴、跡、設備や機器の故障、使用不能（機器の寿命によるもの）
- ☑ 網入りガラスの亀裂
  - **注意** 日照、建物構造欠陥などで発生したものに限る。
- ☑ 入居者確保のため（次の入居者のため）に行う設備の交換、化粧直しなどのリフォーム、ハウスクリーニング

2　借主負担

- ☑ 飲みこぼし等の手入れ不足によるカーペットのシミ
- ☑ 天井に直接つけた照明器具の跡
- ☑ 重量物をかけるためにあけた壁等の釘穴やビスで、**下地ボードの張替えが必要なもの**
- ☑ ペット飼育によって付けられた柱、クロス等の**キズ、臭い**
- ☑ クーラー（借主所有）からの**水漏れを放置して発生した壁等の腐食**
- ☑ 喫煙に起因するヤニ等によるクロス変色、室内への臭いの付着、エアコンの汚れ
- ☑ 借主の**不注意**（雨風が吹き込むなど）による畳やフローリングの**色落ち**
- ☑ 結露を放置して拡大した**カビ、シミ**
- ☑ 冷蔵庫下の**サビを放置した床の汚損**
- ☑ ガスコンロ置き場、換気扇等の油汚れ、**すす**
  - **注意** 日常の清掃を怠ったため付着したもの
- ☑ 風呂、トイレ、洗面台の**水垢（みずあか）、カビ**など
  - **注意** 日常の不適切な手入れや用法違反による設備の損傷
- ☑ **用法違反による設備の損傷**
- ☑ 落書きなど故意による損傷
- ☑ 引越し作業等で生じた**引っかきキズ**
- ☑ 戸建て住宅の庭に生い茂った**雑草の除去**
- ☑ 鍵の紛失または破損による取替え

> 借主の不適切な管理による破損や故意の損傷などが該当する

3 原状回復の範囲

① 借主負担の範囲

借主負担の範囲は、可能な限り損傷部分の**補修費用相当分**となるよう限定的なものとし、補修工事の範囲をできるだけ**最低限度の施工単位**とする。

注意 いわゆる「模様合わせ」「色合わせ」などについては、借主の負担としない。

● 損耗のある箇所の負担範囲

畳（たたみ）	●原則1枚単位 ●毀損（きそん）等が複数枚にわたる場合は、その枚数（裏返しか表替えかは毀損の程度による）
カーペット、クッションフロア	毀損等が複数箇所にわたる場合は当該**居室全体**
フローリング	●原則m²単位 ●毀損等が複数箇所にわたる場合は当該**居室全体**
壁（クロス）	m²単位が望ましいが、借主が毀損させた箇所を含む1面分までは張替え費用を**借主負担**としてもやむをえない ※タバコ等のヤニや臭い 　喫煙等により当該居室全体のクロス等がヤニで変色したり臭いが付着した場合のみ、クリーニングまたは張替え費用を**借主負担**とすることが妥当
襖（ふすま）	1枚単位
柱	1本単位
設備機器	補修部分、交換相当費用
鍵	紛失の場合はシリンダーの交換
クリーニング	部位ごともしくは住戸全体

② 経過年数による負担割合

借主の故意または過失等による損耗であっても、借主の負担については、原則として建物や設備等の経過年数を考慮し、年数が多いほど負担割合が減少する。

● 経過年数（耐用年数）による減価割合

補修、交換の費用を借主に**全額負担させるのは不公平**

= 借主の負担は一部

（その理由）
経年変化と通常損耗分は、すでに賃料として支払済み。新品にするまでの費用を借主に全部負担させると、その分の二重支払いになってしまう

③ クリーニング費用

借主が負担すべきクリーニング費用については、経過年数を考慮して費用に差をつけることはしない。

④ フローリング

フローリングについての原状回復工事費用の借主負担の範囲を決めるにあたっては、**経過年数**を考慮する必要はない。

ただし、フローリング全体にわたっての毀損によりフローリング全体を張り替えた場合は、経過年数を考慮する。

⑤ 耐用年数を超えた建物の部分や設備

耐用年数を超えた建物の部分や設備について借主の過失によって損傷を与えた場合、耐用年数を超えていても**使用可能**な物件を借主が損傷させた場合には、その補修費用は借主が負担する。

> **例** 借主がクロスに故意に落書きなどをした場合、クロスが耐用年数を超えている場合でも、これを消すための費用（工事費や人件費等）については**借主負担**となる。

4 通常損耗補修特約

① 通常損耗を補修する特約

通常損耗の補修は、本来は借主負担ではなく貸主負担であるが、以下の要件を満たせば借主に特別の負担を課す特約が有効になる。

● 借主に特別の負担を課す特約の要件

☑ 特約の**必要性**があり、かつ、暴利的でないなどの**客観的、合理的理由**が存在すること
☑ 借主が特約によって通常の原状回復義務を超えた修繕等の義務を負うことについて認識していること
☑ 借主が特約による義務負担の意思表示をしていること

> 「原状回復」は例年、2問以上出題される超頻出テーマです。各種損耗が、貸主、借主のどちらの負担になるかはもちろんのこと、特約などについてもきっちり押さえましょう。

サブリース

1 サブリースの原賃貸借契約の終了

① 原賃貸借契約の期間満了

| 原賃貸借契約が**期間満了**で終了 | ➡ | 原賃貸借契約の終了を**転借人**に通知 | ➡ | 通知後**6ヵ月経過**で転貸借契約が終了 |

　原賃貸人と原賃借人（転貸人）間の契約が**期間満了**により終了する場合、原賃貸人は賃貸借契約の終了を**転借人**に通知すれば、契約終了を転借人に対抗することができる。通知をしたときには、原賃借人（転貸人）と転借人間の転貸借契約は通知後**6か月**経過した時点で終了する。

② 債務不履行による解除

- 原賃借人（転貸人）の賃料不払いがあったときに、転借人への**催告**は必要ない
    - ➡転借人に催告することなく、解除をすることができる
- 原賃貸借が原賃借人（転貸人）の賃料不払いにより解除されても、転貸借は当然には**終了しない**
    - 理由 原賃貸借契約と転貸借契約は別の契約だから
- 原賃貸人が転借人に対して物件の**返還**を請求したときに、転貸借契約は終了する
    - ➡転貸人の転借人に対する債務の履行不能になる

③ 原賃貸借契約の合意解除

- 原賃貸借契約が**合意解除**（合意解約）された場合は、転借人に対抗することができない
    - 注意 ＡＢの合意解除も、Ｂの債務不履行によってＡが解除できる場合には、Ｃに対抗することができる。

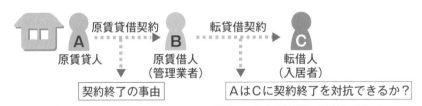

	契約終了の事由		ＡはＣに契約終了を対抗できるか？
ア.	期間満了	⋯⋯⋯▶	**通知＋6か月経過**で対抗できる
イ.	Ｂの債務不履行による解除	⋯⋯▶	**直ちに**対抗できる
ウ.	ＡＢ間の合意解除	⋯⋯⋯▶	対抗**できない**
エ.	信義則による制限	⋯⋯⋯▶	対抗**できない**

対抗力・地位移転

1 地位移転

① 賃借権の対抗要件

賃借権の対抗要件は**建物の引渡し**である。引渡しを受ければ、借主は建物を譲り受けた新所有者に賃借権を対抗することができる。

> **注意** 賃借権の登記も可能だが、登記には貸主の了解が必要となるため、ほとんど賃貸物件は登記されていない。

② 貸主の地位の移転

- 貸主が建物を売却したときには、貸主の地位も新所有者に移転する（賃借権に対抗力がある場合）
- 貸主の地位が新所有者に移転すれば、新所有者は敷金を**引き継ぐ**

> **注意** 貸主の地位を譲渡人に留保する旨および建物を譲受人が譲渡人に賃貸する旨の合意をしたときは、貸主の地位は譲受人に移転しない。

● 建物の所有権の移転

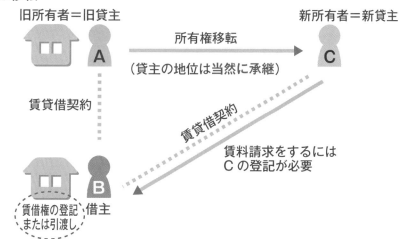

所有者A（貸主）が建物をCに譲渡したとき、借主Bが賃借権の対抗力（賃借権の登記または建物の引渡し）を備えていれば、貸主の地位はAからCに当然承継され、CとBとが賃貸借契約の関係に立つ。

☑ 借主の承諾は**不要**
☑ CがBに賃料を請求するには、**所有権移転登記が必要**

③ 新所有者の賃料請求

新所有者が借主に賃料を請求するには、**所有権移転登記**が必要となる。

④ 特約の効力

ア．建物の所有者が他に移転した場合に、賃借権は消滅する旨の特約 イ．建物が競売で売却され所有権が移転した場合に、賃貸借契約は終了するという特約	**無効**

2 対抗力

① 借主の対抗

借主が賃借権を第三者に対抗できるかについては、

| ア．引渡しを受けていなければ、建物を取得して登記を経由した第三者に対して
イ．引渡しを受けていても、引渡し前に建物を取得して登記を経由した第三者に対して | | 賃借権を
対抗できない |

注意 賃借権が登記されていれば対抗できる。

② 賃貸借はどうなるか

ア．引渡し後に抵当権が設定され、抵当権が実行された結果、買受人に所有権が移転したとき
イ．引渡し後に貸主の債権者が建物を差し押さえ、建物が競売された結果、買受人に所有権が移転したとき

| 賃借権を
対抗できる | → | 貸主の地位は当然に買受人に移転する |

ア．引渡し前に抵当権が設定されているとき
イ．引渡し前に建物が差し押さえられていたとき

| 賃借権を
対抗できない | → | 貸主の地位は買受人に移転しない
（買受人からの明渡し請求を拒めない） |

買受人に敷金返還を求めることが
できない

③ 建物明渡し猶予制度

　建物明渡し猶予制度とは、借主が賃借権を抵当権者に対抗できない場合、抵当権が実行されて第三者が建物を買い受けたときは、借主が競売手続開始前から建物の使用収益を行っていれば、買受けから6か月間は買受人に対する明渡しが猶予される仕組み。

　注意 貸主の地位が買受人に移転しないので、借主には買受人に対する敷金返還請求権はない。

●抵当権（抵当権の実行による買受人）と賃借権の優劣

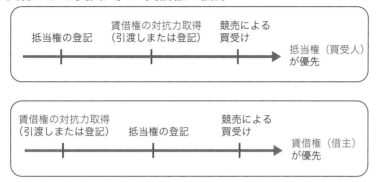

抵当権の登記と賃借権の対抗力取得の先後（せんご）で優劣が決まる
（競売による買受けの時点と賃借権の対抗力取得の先後関係ではない）

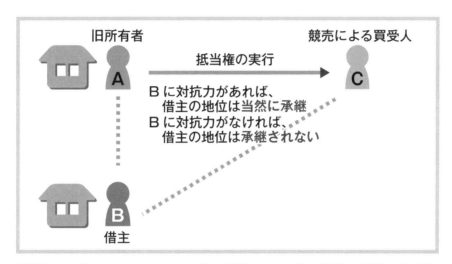

　BがCに対して賃借権を主張できるかどうかは、Bの引渡し（または賃借権の登記）と抵当権の設定登記のどちらが早いかによって決められる

> 「対抗力・地位移転」は民法上の基本的な制度ですが、賃貸管理士試験では賃貸借関係にしぼって出題されます。
> 借主・転借人がどういう形でなら保護されるのか、しっかり押さえましょう。

特定賃貸借契約の重要事項説明

1 特定賃貸借契約の重要事項説明

① 説明する義務者等

特定転貸事業者（サブリース業者）には、特定賃貸借契約（マスターリース契約）を締結する前に、重要事項説明を行う義務がある。説明者について法律で決められた**資格要件はない。**

- 勧誘者には説明する**義務はない**
- 変更契約では、**変更される事項についてだけ**、書面交付し、説明すれば足りる
  - **注意** 法律の施行前に締結された契約を更新する場合にも、重要事項説明の義務がある。

● 説明事項

①	特定転貸事業者の商号、名称または氏名、住所
②	対象となる賃貸住宅
③	家賃・敷金等の額、支払期日および支払方法等の賃貸の条件とその変更に関する事項 ・家賃の設定根拠としては、**近傍同種**の家賃相場を示す必要がある ・賃料減額請求権の行使によって、**家賃変更の可能性がある**ことも説明事項
④	維持保全の実施方法　・入居者からの**苦情や問い合わせへの対応**を行う場合は、可能な限りその内容
⑤	維持保全費用の分担に関する事項 ・賃貸人と特定転貸事業者のどちらが**費用を負担する**かの具体的な分担 ・修繕は指定業者が施工するという条件を定める場合は、その条件
⑥	維持保全の実施状況の報告に関する事項　・賃貸人に報告する**内容や頻度**が説明事項となる
⑦	損害賠償額の予定と違約金に関する事項
⑧	特定転貸事業者の責任と免責に関する事項 ・天災等による損害等で、特定転貸事業者が**責任を負わない**こととする場合は、その旨 ・**賃貸人の賠償責任保険等への加入、保険で補てんされる損害の扱いなど**
⑨	契約期間に関する事項 ・契約の類型（普通借家契約か定期借家契約か）、契約の始期、終期、期間 ・契約期間は**家賃が固定される期間ではないこと**
⑩	転借人（入居者）の**資格**その他の転貸の条件
⑪	転借人への維持保全の実施方法の周知
⑫	特定賃貸借契約の**更新と解除**
⑬	特定賃貸借契約が終了した場合の権利義務の承継に関する事項 ・特定賃貸借契約が終了した場合、賃貸人が転貸人の地位を承継することとする定めがあれば、その旨
⑭	借地借家法その他特定賃貸借契約に係る法令に関する事項の概要 ・借賃増減額請求権（借地借家法32条1項） ・更新拒絶等の要件（同法28条） ・定期建物賃貸借（同法38条）

賃貸不動産経営管理士模擬試験　第1回　解答用紙

実 施 日	令和6年　　　月　　　日
受験番号	
氏 名　フリガナ	
漢字	

この欄は記入しないこと

[0][1][2][3][4][5][6][7][8][9] [0][1][2][3][4][5][6][7][8][9] [0][1][2][3][4][5][6][7][8][9] [0][1][2][3][4][5][6][7][8][9] [0][1][2][3][4][5][6][7][8][9] [0][1][2][3][4][5][6][7][8][9] [0][1][2][3][4][5][6][7][8][9] [0][1][2][3][4][5][6][7][8][9]

解　答　欄

問題番号	解　答　番　号				問題番号	解　答　番　号			
問　1	①	②	③	④	問　26	①	②	③	④
問　2	①	②	③	④	問　27	①	②	③	④
問　3	①	②	③	④	問　28	①	②	③	④
問　4	①	②	③	④	問　29	①	②	③	④
問　5	①	②	③	④	問　30	①	②	③	④
問　6	①	②	③	④	問　31	①	②	③	④
問　7	①	②	③	④	問　32	①	②	③	④
問　8	①	②	③	④	問　33	①	②	③	④
問　9	①	②	③	④	問　34	①	②	③	④
問　10	①	②	③	④	問　35	①	②	③	④
問　11	①	②	③	④	問　36	①	②	③	④
問　12	①	②	③	④	問　37	①	②	③	④
問　13	①	②	③	④	問　38	①	②	③	④
問　14	①	②	③	④	問　39	①	②	③	④
問　15	①	②	③	④	問　40	①	②	③	④
問　16	①	②	③	④	問　41	①	②	③	④
問　17	①	②	③	④	問　42	①	②	③	④
問　18	①	②	③	④	問　43	①	②	③	④
問　19	①	②	③	④	問　44	①	②	③	④
問　20	①	②	③	④	問　45	①	②	③	④
問　21	①	②	③	④	問　46	①	②	③	④
問　22	①	②	③	④	問　47	①	②	③	④
問　23	①	②	③	④	問　48	①	②	③	④
問　24	①	②	③	④	問　49	①	②	③	④
問　25	①	②	③	④	問　50	①	②	③	④

日建学院

賃貸不動産経営管理士模擬試験　第2回　解答用紙

| 実施日 | 令和6年　　　月　　　日 |
| 受験番号 | |

| 氏名 | フリガナ | |
| | 漢字 | |

この欄は記入しないこと

0 1 2 3 4 5 6 7 8 9
0 1 2 3 4 5 6 7 8 9
0 1 2 3 4 5 6 7 8 9
0 1 2 3 4 5 6 7 8 9
0 1 2 3 4 5 6 7 8 9
0 1 2 3 4 5 6 7 8 9
0 1 2 3 4 5 6 7 8 9
0 1 2 3 4 5 6 7 8 9

解　答　欄

問題番号	解　答　番　号	問題番号	解　答　番　号
問　1	① ② ③ ④	問　26	① ② ③ ④
問　2	① ② ③ ④	問　27	① ② ③ ④
問　3	① ② ③ ④	問　28	① ② ③ ④
問　4	① ② ③ ④	問　29	① ② ③ ④
問　5	① ② ③ ④	問　30	① ② ③ ④
問　6	① ② ③ ④	問　31	① ② ③ ④
問　7	① ② ③ ④	問　32	① ② ③ ④
問　8	① ② ③ ④	問　33	① ② ③ ④
問　9	① ② ③ ④	問　34	① ② ③ ④
問　10	① ② ③ ④	問　35	① ② ③ ④
問　11	① ② ③ ④	問　36	① ② ③ ④
問　12	① ② ③ ④	問　37	① ② ③ ④
問　13	① ② ③ ④	問　38	① ② ③ ④
問　14	① ② ③ ④	問　39	① ② ③ ④
問　15	① ② ③ ④	問　40	① ② ③ ④
問　16	① ② ③ ④	問　41	① ② ③ ④
問　17	① ② ③ ④	問　42	① ② ③ ④
問　18	① ② ③ ④	問　43	① ② ③ ④
問　19	① ② ③ ④	問　44	① ② ③ ④
問　20	① ② ③ ④	問　45	① ② ③ ④
問　21	① ② ③ ④	問　46	① ② ③ ④
問　22	① ② ③ ④	問　47	① ② ③ ④
問　23	① ② ③ ④	問　48	① ② ③ ④
問　24	① ② ③ ④	問　49	① ② ③ ④
問　25	① ② ③ ④	問　50	① ② ③ ④

日建学院

賃貸不動産経営管理士模擬試験　第3回　解答用紙

＜記入上の注意＞

1　受験番号及び氏名のフリガナ欄を確認すること。
2　氏名の漢字欄に、漢字で氏名を記入すること。
3　各問の解答番号には、二つ以上マークしないこと。
4　B又はHBの鉛筆でマークすること。
5　訂正する場合は、消しゴムで完全に消してから
　　マークし直すこと。
6　解答用紙を汚したり折り曲げたりしないこと。
7　次の「良い例」のように、マークすること。

－ マ ー ク 例 －

| 良い例 | ぬりつぶし ● |
| 悪い例 | うすい ◑　はみだし 〰　縦棒 ◖ｷ　丸 ◯　小さい ⊙　レ点 ◌◸　横棒 ◒　バツ ⊗ |

実 施 日	令和6年　　　　月　　　　日
受 験 番 号	
氏 名　フリガナ	
漢 字	

この欄は記入しないこと

(0)(1)(2)(3)(4)(5)(6)(7)(8)(9)　(0)(1)(2)(3)(4)(5)(6)(7)(8)(9)　(0)(1)(2)(3)(4)(5)(6)(7)(8)(9)　(0)(1)(2)(3)(4)(5)(6)(7)(8)(9)　(0)(1)(2)(3)(4)(5)(6)(7)(8)(9)　(0)(1)(2)(3)(4)(5)(6)(7)(8)(9)　(0)(1)(2)(3)(4)(5)(6)(7)(8)(9)　(0)(1)(2)(3)(4)(5)(6)(7)(8)(9)

解 答 欄

問題番号	解 答 番 号				問題番号	解 答 番 号			
問　1	①	②	③	④	問　26	①	②	③	④
問　2	①	②	③	④	問　27	①	②	③	④
問　3	①	②	③	④	問　28	①	②	③	④
問　4	①	②	③	④	問　29	①	②	③	④
問　5	①	②	③	④	問　30	①	②	③	④
問　6	①	②	③	④	問　31	①	②	③	④
問　7	①	②	③	④	問　32	①	②	③	④
問　8	①	②	③	④	問　33	①	②	③	④
問　9	①	②	③	④	問　34	①	②	③	④
問　10	①	②	③	④	問　35	①	②	③	④
問　11	①	②	③	④	問　36	①	②	③	④
問　12	①	②	③	④	問　37	①	②	③	④
問　13	①	②	③	④	問　38	①	②	③	④
問　14	①	②	③	④	問　39	①	②	③	④
問　15	①	②	③	④	問　40	①	②	③	④
問　16	①	②	③	④	問　41	①	②	③	④
問　17	①	②	③	④	問　42	①	②	③	④
問　18	①	②	③	④	問　43	①	②	③	④
問　19	①	②	③	④	問　44	①	②	③	④
問　20	①	②	③	④	問　45	①	②	③	④
問　21	①	②	③	④	問　46	①	②	③	④
問　22	①	②	③	④	問　47	①	②	③	④
問　23	①	②	③	④	問　48	①	②	③	④
問　24	①	②	③	④	問　49	①	②	③	④
問　25	①	②	③	④	問　50	①	②	③	④

日建学院

第1回　ライト編

この問題は、**正答率8割**を目標として、
合格基準点を**40点**以上に設定しました。

※免除講習の修了者に付与される5問免除については、考慮しておりません。

[使用方法]
この色紙部分を残したまま、問題冊子を右側に向かって
ゆっくり引いて、取り外してください。

日建学院

各問題を取り外してご利用される方へ

この色紙を押さえながら、問題の冊子だけを取り外してください。

※ご注意
この色紙と問題の冊子は、ノリで接着されています。無理やりはがそうとすると冊子が破けてしまう恐れがありますので、取り外す際はていねいにお取り扱いください。

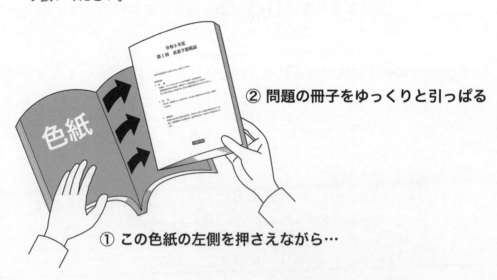

② 問題の冊子をゆっくりと引っぱる

① この色紙の左側を押さえながら…

＊ 取り外しの際の損傷によるお取り替えにつきましては、ご遠慮願います。

令和6年度
第1回　直前予想模試

次の注意事項をよく読んでから、始めてください。

（注意事項）

1　問　　題

問題は、1ページから25ページまで四肢択一式50問です。

試験開始の合図と同時に、問題のページ数を確認してください。

落丁や乱丁があった場合には、直ちに試験監督員に申し出てください。

2　解　　答

答えは、各問題とも1つだけです。2つ以上の解答をしたものは、正解としません。

3　適用法令

問題中の法令等に関する部分は、令和6年4月1日現在で施行されている規定（関係機関による関連告示、通達等を含む）に基づいて出題されています。

【問　1】　賃貸住宅管理業法における管理受託契約の締結前の重要事項説明に関する次の記述のうち、誤っているものはどれか。

1　賃貸住宅管理業者は、賃貸人（委託者）から、重要事項説明をしないことの承諾を得た場合には、管理受託契約を締結する前に、管理受託契約に関する重要事項について、書面を交付して説明をしなくてもよい。

2　重要事項説明のための書面（重要事項説明書）と契約締結時書面を兼ねて、一体のものとすることはできない。

3　賃貸人（委託者）から、委任状等をもって代理権を付与された者に対して説明を行えば、説明をしたものと認められる。

4　賃貸住宅管理業者は、重要事項説明の方法として、電子メールによる方法、ウェブサイトの閲覧による方法、送信者側で備えた受信者ファイルを閲覧させる方法、磁気ディスク等を交付する方法のいずれを用いることも認められる。

【問　2】　賃貸住宅管理業法における管理受託契約の締結前の重要事項説明をテレビ会議等のITを活用して行う場合に関する次の記述のうち、誤っているものはどれか。

1　重要事項説明を行う者と説明の相手方が、いずれも書類と説明の内容を十分理解できる程度に映像を視認できる環境において行わなければならない。

2　重要事項説明を行う者と説明の相手方が、いずれも互いに音声を十分に聞き取ることができるとともに、双方向でやりとりできる環境において行わなければならない。

3　重要事項説明の相手方が、重要事項説明書および添付書類を確認しながら説明を受けることができる状態にあることならびに映像および音声の状況について、重要事項説明を行う者が説明を行う前に確認しなければならない。

4　テレビ会議等のITを活用して重要事項説明を行う場合には、事前に従業者であることの証明書の写しを相手方に送付しておかなければならない。

【問　3】　賃貸住宅管理業法における管理受託契約の締結時に交付する書面に関する次の記述のうち、誤っているものはどれか。

1　賃貸住宅管理業者は、管理受託契約を締結したときは、管理業務を委託する賃貸住宅の賃貸人（委託者）に対し、遅滞なく、必要事項を記載した書面（契約締結時書面）を交付しなければならない。
2　契約締結時書面には、管理業務の実施方法を記載しなければならない。
3　委託者への報告に関する事項は、契約締結時書面への記載事項には含まれない。
4　賃貸住宅管理業者は、管理受託契約の締結に際して管理受託契約書が作成されて交付されるのであれば、この契約書とは別に、必要事項を記載した契約締結時書面を作成し、これを委託者に交付しなくてもよい。

【問　4】　賃貸住宅標準管理受託契約書（国土交通省不動産・建設経済局令和3年4月23日公表。）に関する次の記述のうち、誤っているものはどれか。

1　入居者から代理受領した敷金等は、速やかに委託者に引き渡すこととされている。
2　賃貸住宅管理業者は、本物件の住宅総合保険、施設所有者賠償責任保険等の損害保険の加入状況を委託者に通知しなければならないとされている。
3　賃貸住宅管理業者は、あらかじめ入居者に通知し、承諾を得なければ住戸に立ち入ることができないものとされている。
4　賃貸住宅管理業者は、賃貸人との間で管理受託契約を締結したときは、入居者に対し、遅滞なく連絡先等を通知しなければならず、同契約が終了したときにも、管理業務が終了したことを通知しなければならないものとされている。

【問　5】　管理受託契約の性質等に関する次の記述のうち、適切なものはどれか。

1　建物設備の維持保全の委託は、民法上の準委任に当たる。

2　受託者には委託者の指揮命令に従い事務を行う義務がある。

3　民法上の委任については、書面で契約を締結することが義務付けられている。

4　民法上の請負は、法律行為又は事実行為をすることを目的とする。

【問　6】　建物の各部位の清掃の留意事項に関する次の記述のうち、最も不適切なものはどれか。

1　出入りの激しい場所でのPタイルの床清掃を行うに際しては、ポリシャー洗浄後のワックスをできるだけ薄く塗布する。

2　カーペットは材質を見極め、材質によって洗剤を使い分けて、清浄を行う。

3　ガラスのクリーニングに関しては、住戸に付属したガラスの清掃は入居者が行い、エントランスホールの扉や窓、高層マンションの窓の外側等は貸主が行う。

4　外壁や屋上に設けられている雨樋やドレンの清掃については、特に台風のシーズンの前には念入りに行う。

【問 7】「防犯に配慮した共同住宅に係る設計指針」（国土交通省住宅局平成13年3月23日策定）において、新築される共同住宅に防犯上必要とされる事項等に関する次の記述のうち、最も不適切なものはどれか。

1 エレベーターのかご内には、防犯カメラを設置する。

2 二重ロック、ＣＰ錠、防犯用ガラスシールを扉や窓に貼り付けるなどは、防犯対策として有効である。

3 共用玄関の照明設備の照度は、その内側の床面においては概ね50ルクス以上とする。

4 共用廊下、共用階段は、見通しを確保したうえで、照度については50ルクス以下とする。

【問 8】 賃料請求および明渡請求における法令遵守に関する次の記述のうち、最も適切なものはどれか。

1 賃貸借契約書に「借主が賃料を滞納した場合には、貸主は鍵を交換することができる」という条項がある場合には、貸主はこの取り決めに従って、借主が賃料を滞納したときに借主の承諾を得ずに鍵を交換することができる。

2 賃貸借契約書に「借主の賃料不払いによって賃貸借契約が解除された場合には、貸主は鍵を交換して貸室に入ることができる」と定められていても、貸主がこの規定を根拠に鍵を交換して室内に立ち入ったときには損害賠償責任を負うことがある。

3 未収賃料を回収する目的で、管理業者が、貸主の指示を受けて借主の承諾を得ずにドアの鍵部分にカバーをかけ、借主の入室が困難な状態にした場合には、管理業者が損害賠償責任を負うことはあっても、貸主が損害賠償責任を負うことはない。

4 貸主は、借主が賃料を滞納したまま行方不明となった場合には、貸室を整理する目的であれば、借主の承諾なく貸室に入ることが許される。

【問　9】　賃貸住宅管理業法における委託者への管理業務の実施状況等の定期報告に関する次の記述のうち、誤っているものはどれか。

1　委託者への定期報告については、報告を行う頻度に関しては法律上定めは設けられていない。

2　管理受託契約の期間の満了後にも、遅滞なく委託者に管理業務の実施状況等を報告しなければならない。

3　委託者への定期報告は、管理業務報告書を作成し、これを委託者に交付して説明しなければならない。

4　賃貸住宅管理業者が委託者に定期報告をしないときには、行政による監督処分がなされる。

【問　10】　賃貸住宅管理業法における秘密を守る義務に関する次の記述のうち、誤っているものはどれか。

1　賃貸住宅管理業者の従業者として業務上取り扱ったことについて知り得た秘密を守る義務を負う者には、賃貸住宅管理業者と直接の雇用関係になく、再委託を受けた者も含まれる。

2　賃貸住宅管理業者の従業者として業務上取り扱ったことについて知り得た秘密を守る義務を負う者には、アルバイトも含まれる。

3　株式会社である賃貸住宅管理業者の従業者が会社の命令により業務上知った秘密を漏らしたときは、会社が罰金に処せられるが、従業員には刑罰は科されない。

4　業務上取り扱ったことについて知った秘密を守る義務は、管理受託契約が終了し、かつ賃貸住宅管理業が廃業して事業を営まなくなった後にも消滅せず、存続する。

【問　11】　賃貸住宅の修繕工事等に関する次の記述のうち、最も不適切なものはどれか。

1　分譲住宅と比べると、賃貸住宅の修繕状況は、一般的に劣っているといわれている。

2　設計図は建物を建設するために工事実施前に作成した図面であり、竣工図は施工者が建築工事中に生じた設計変更等を取り入れて、竣工時に作成した図面である。

3　設備の維持保全においては、法定耐用年数どおりに機器を交換しなければならない。

4　修繕工事の履歴情報が残されていることは、賃貸借契約や売買契約における説明の資料となり、入居後のトラブル防止や客観的で透明性の高い価格の評価を可能にする。

【問　12】　「原状回復をめぐるトラブルとガイドライン（再改訂版）」（以下、「原状回復ガイドライン」という。）等に関する次の記述のうち、最も適切なものはどれか。

1　借主の故意・過失等による損耗であれば、借主の使用年数とかかわりなく、借主の負担すべき額は一律となる。

2　震災等の不可抗力による損耗や、借主と無関係な第三者がもたらした損耗等については、貸主が負担すべきである。

3　借主に原状回復義務が発生すると思われるものについては、損耗の程度を考慮して借主の割合を決める方法によることは適当ではない。

4　民間賃貸住宅の賃貸借契約の内容については、ガイドラインに示された内容、方法等によらない原状回復の取扱いは許されない。

【問　13】　原状回復ガイドラインに関する次の記述のうち、最も適切なものはどれか。

1　テレビや冷蔵庫などの後部壁面の黒ずみ（電気ヤケ）は、借主の負担による修繕に該当する。

2　次の入居者を確保する目的で行う設備の交換や化粧直しなどのリフォームは、借主負担の修繕となる。

3　ガスコンロ置き場、換気扇等の油汚れ、すすについては、これを原状回復するための清掃や修繕は、借主の負担となる。

4　ペットにより柱、クロス等にキズが付いたり、臭いが付着している場合には、貸主負担と判断される場合が多い。

【問　14】　屋上と外壁の管理に関する次の記述のうち、正しいものはどれか。

1　陸屋根では、土砂や落ち葉、ゴミ等が排水口をふさぐと、屋上に雨水が溜まり、防水の性能に影響を与え、漏水の原因になる。

2　傾斜屋根（カラーベスト等）は、夏の温度上昇、冬の温度低下の繰り返しにより、素地自体の変形やゆがみ等を起こすことがあるが、素地自体の変形やゆがみ等が雨漏れの原因になることはない。

3　コンクリート打ち放しの外壁は、鉄筋発錆に伴う爆裂を点検する必要はない。

4　タイル張り外壁については、劣化等によりタイルが剥離するおそれがあるので、原則として竣工から20年を経過するごとに全面打診または赤外線調査を行わなければならない。

【問　15】　結露および断熱対策に関する次の記述のうち、最も不適切なものはどれか。

1　建物の内外や建物内の左右・上下で隣接する部屋同士の温度差・湿度差によって、壁・床・天井・窓などの表面に水滴がつく現象が、結露である。

2　断熱性能が高く、空調設備が設置されている住宅の場合には、結露が生じにくい。

3　壁の中に内部結露が発生し、カビが増殖すると、建材の劣化が促進し、入居者の健康を害するおそれが生じる。

4　窓ガラスや壁・床の表面に結露が生じることもある。

【問　16】　シックハウスに関する次の記述のうち、最も適切なものはどれか。

1　シックハウス症候群は、化学物質以外の物質が原因となって発生する健康被害である。

2　シックハウスによる健康被害を防ぐため、居室を有する建築物を建築する場合には、クロルピリホスおよびホルムアルデヒドを含む建築材料を使用しなければならない。

3　建築基準法のシックハウス対策の規定は、中古住宅の増築や改築を行う場合にも適用される。

4　シックハウス症候群は、建物の建材から発する物質が原因と考えられており、家具を構成する物質がその原因となるものではない。

【問　17】　排水設備等に関する次の記述のうち、最も不適切なものはどれか。

1　排水・通気のための設備は、汚れた水を敷地の外へ速やかに排出し、また同時に排水管内の臭気を室内に拡散させないことを目的として設置される。

2　排水は、汚水、雑排水、雨水に分類される。

3　公共下水道は、いずれの地域でも、汚水、雑排水と雨水を分けて排水する分流式が採用されている。

4　排水は、地盤面よりも低い部分では、雑排水槽や汚水槽を設けて水中ポンプで雑排水や汚水をくみ上げて敷地外に排出する。

【問　18】　電気設備に関する次の記述のうち、最も不適切なものはどれか。

1　電力会社からの電力供給は、供給電圧によって、「低圧引込み」「高圧引込み」「特別高圧引込み」の3種類に分類される。

2　各住戸に供給される電力における単相2線式を用いれば、住戸に200ボルトを供給することが可能になる。

3　開放された廊下や階段に設置されている電気設備は、雨風や外気によって湿気が入りこみ、錆が生じて劣化するおそれがある。

4　ブレーカーが落ちる原因としては、一時的に数個の家電製品を使用して過度の電流が流れることのほか、漏電なども考えられる。

【問　19】　ガスに関する次の記述のうち、最も適切なものはどれか。

1　都市ガスのほうが、液化石油ガスよりも火力エネルギーが大きい。

2　液化石油ガスは空気より重い。

3　ほとんどの都市ガスは空気より重い。

4　都市ガスと液化石油ガスはいずれにも臭いがないため、ガス漏れがあっても臭いで気づくことはできない。

【問　20】　賃料増減請求権に関する次の記述のうち、正しいものはどれか。

1　賃料増減請求権が行使された場合は、請求権を行使した時ではなく、客観的に賃料が不相当となった時に遡って賃料の減額または増額の効力を生ずる。

2　賃料改定については、合意が成立しなければ、訴訟によって裁判所の判断を求めることになるが、訴訟提起の前に調停を申し立てなければならない。

3　定期建物賃貸借における「契約期間中に如何なる理由が生じても賃料の減額はできないものとする」という特約は無効である。

4　普通建物賃貸借における「契約期間中に如何なる理由が生じても賃料の減額はできないものとする」という特約は有効である。

【問　21】　敷金に関する次の記述のうち、正しいものはどれか。

1　賃借人は、賃貸借契約で禁止されていなければ、賃貸借契約の存続中に、賃貸人に支払うべき賃料を敷金と相殺することができる。

2　敷金は、未払賃料、原状回復費用などの契約期間中の債務を担保するが、賃貸借終了後に生じる賃料相当額の損害賠償債務などは担保しない。

3　賃貸借契約が終了した場合の敷金の返還と明渡しの履行は同時に履行されなければならない関係になる。

4　賃貸人は、賃借人に賃料に不払いがある場合には、賃貸借契約の終了前であっても、敷金を不払賃料と相殺することができる。

【問　22】　会計上の仕訳および簿記に関する次の記述のうち、最も適切なものはどれか。

1　企業の会計処理で用いられる簿記の方式においては、借方の勘定項目の合計と貸方の勘定項目の合計金額は常に一致する。

2　簿記の実務は、取引を伝票と帳簿に記入し、決算整理前試算表を作成し、決算期に帳簿に基づいて損益計算書を作成し、損益計算書にもとづいて、決算整理後試算表を作成するという流れで行われる。

3　企業の会計処理では、一般に単式簿記が用いられる。

4　企業の会計処理で用いられる簿記の方式では、すべての取引が借方と貸方のいずれかの勘定項目に分けられ、借方の項目が右側に、貸方の項目が左側にそれぞれ記載される。

【問　23】　共有物を共有者が賃貸する場合における決定方法に関する次の記述のうち、誤っているものはどれか。

1　共有物の賃貸が管理行為にあたる場合には、共有者の頭数の過半数によって賃貸の相手方と賃貸条件を決めることができる。

2　共有物の賃貸が管理行為の範囲を超えて処分行為となる場合には、賃貸の相手方と賃貸条件は全員一致でなければ決めることはできない。

3　樹木の栽植または伐採を目的とする山林の賃貸借にあたらない共有の土地の賃貸借は、期間が5年以内であれば、管理行為にあたる。

4　建物の賃貸借は、期間が3年以内であれば、管理行為にあたる。

【問　24】　必要費および有益費の償還請求ならびに造作買取請求に関する次の記述のうち、最も不適切なものはどれか。

1　目的物を使用に適する状態にしておくための費用を必要費という。

2　目的物を改良するために支出した費用を有益費という。

3　借主が必要費を支出した場合には、直ちに償還請求はできないが、契約が終了するときには、その支出した費用の償還を貸主に対して請求することができる。

4　借主が有益費を支出した場合には、契約終了時に目的物の価値の増加が現存している場合には、貸主の選択により、支出した費用または目的物の価値の増加額のうちのいずれかを貸主に対して請求することができる。

【問　25】　定期建物賃貸借契約に関する次の記述のうち、誤っているものはどれか。

1　定期建物賃貸借契約は、更新のない賃貸借契約である。

2　更新を否定する条項がなければ、定期建物賃貸借契約であることは認められない。

3　更新がないことを事前に書面で説明しなければ、更新のない契約であることは認められない。

4　契約期間の終期を特定していなくても、定期建物賃貸借契約であることが認められる。

【問　26】　定期建物賃貸借契約における借地借家法上の事前説明、および重要事項説明に関する次の記述のうち、正しいものはどれか。

1　契約書に、「契約の締結に先立って説明を受けた」旨の記載がない場合には、事前説明書を交付して説明を行っていたとしても、定期建物賃貸借契約としての効力を有しない。

2　事前説明のための書面に「契約の締結に先立って説明を受けた」旨を記載して貸主に交付していたとしても、この書面とは別個独立の契約書を作成しなければ、定期建物賃貸借契約は成立しない。

3　事前説明を賃貸借契約の仲介を行う宅地建物取引業者が行う場合には、書面を交付することなく行うことができる。

4　再契約の場合に、借主から更新がないことは了解しているから説明をしなくてもよいとの申出があった場合には、事前説明をしなくても、定期建物賃貸借契約を締結することができる。

【問　27】　建物の所有者である賃貸人が建物を譲渡した場合等の法律関係に関する次の記述のうち、正しいものはどれか。

1　賃借人は、賃借権の登記をしていれば、建物の引渡しを受けていなくても、賃貸人から建物を譲り受けた新しい所有者に対して、賃借権をもって対抗することができる。

2　賃借人が建物の引渡しを受けている場合、賃貸人から建物を譲り受けた新しい所有者は、賃借人の承諾がなければ、建物の賃貸人の地位を賃借人に対して主張できない。

3　賃貸人から建物を譲り受けた新しい所有者が賃貸人として賃借人に対して賃料を請求するには、所有権の移転登記は必要とされない。

4　賃借人に賃借権の登記がなく、かつ引渡しを受けていなくても、賃借人は、賃貸人から建物を譲り受けた新しい所有者から明渡しを求められたときには、借地借家法に基づいて、明渡しを拒むことができる。

【問　28】　賃貸借契約における賃借人の債務の保証契約に関する次の記述のうち、誤っているものはどれか。

1　賃貸借契約において賃借人の債務を連帯保証した場合には、連帯保証人は賃借人の負担する債務よりも重い保証債務を負担することはない。

2　保証人は、賃貸物件の明渡義務を直接負わないので、借主が賃貸借契約の解除後に明渡しを遅滞したことによって生じた賃料相当損害金については保証債務を負わない。

3　賃貸借契約の保証人は、保証契約において保証責任について格別の定めがない場合であっても、反対の趣旨をうかがわせるような特段の事情のない限り、賃貸借契約が更新された後の賃貸借から生ずる賃借人の債務についても責任を負う。

4　保証契約は書面でしなければ、その効力を生じないから、個人が保証人になる場合と法人が保証人となる場合のいずれであっても、書面によらない保証契約は無効である。

【問　29】　賃貸住宅管理業法における管理業務に関する次の記述のうち、正しいものはどれか。

1　賃貸住宅の居室などについて、点検、清掃その他の維持を行う場合には、修繕を行わなくても、管理業務にあたる。

2　賃貸住宅の居室などについて、修繕を行う場合には、点検、清掃その他の維持を行わなくても、管理業務にあたる。

3　賃貸住宅の維持に加え、修繕の契約の締結の媒介や代理を行う場合には、管理業務にあたる。

4　賃貸住宅の家賃などの金銭管理は、賃貸住宅の維持保全とあわせて行うものではなくても、管理業務にあたる。

【問　30】　賃貸住宅管理業法における賃貸住宅管理業者の登録制度に関する次の記述のうち、誤っているものはどれか。

1　管理戸数が100戸を超える管理業者が賃貸住宅管理業を営むには、国土交通大臣の登録を受けなければならない。

2　国土交通大臣による登録の有効期間は、5年である。

3　賃貸住宅管理業者は、営業所または事務所ごとに1名以上の業務管理者を設置しなければならない。

4　賃貸住宅管理業者が法人の場合、登録は法人単位でなされ、支社・支店ごとに登録を受けることはできない。

【問　31】　賃貸住宅管理業法において、登録を受けようとする者が登録の申請をした場合に関する次の記述のうち、最も不適切なものはどれか。

1　申請者が現に賃貸住宅管理業を営んでいなくても登録は拒否されない。

2　登録を取り消され、その取消しの日から5年を経過しない者については、登録は拒否される。

3　禁錮以上の刑に処せられ、その執行を終わった日から起算して5年を経過しない者は、登録が拒否される。

4　破産手続開始の決定を受けた者は復権を得た後であっても、登録は拒否される。

【問　32】　賃貸住宅管理業法の制定背景や概要に関する次の記述のうち、適切なものはどれか。

1　わが国の住宅ストックの中で賃貸住宅の占める割合は約35％であるが、住宅ストックの中での民間主体が保有する賃貸住宅のストック数は近年減少傾向にある。

2　近年では、建物所有者自ら賃貸住宅管理業務のすべてを実施する者が増加し、賃貸住宅管理業者に業務を委託する所有者が減少している。

3　賃貸住宅管理業法は、賃貸住宅管理業を営む者の登録制度を設け、また、サブリース事業を規制する法律であり、特定転貸事業者が賃貸住宅管理業を営む場合であっても、特定転貸事業者には賃貸住宅管理業の登録を受ける義務は課されない。

4　サブリース事業に関する行政による指示・監督、および罰則の規定の適用対象は、特定転貸事業者に限定されない。

【問 33】 賃貸住宅管理業法における賃貸住宅管理業者の帳簿の備付けに関する次の記述のうち、正しいものはどれか。

1 賃貸住宅管理業者は、主たる事務所に帳簿を備え付け、保存すれば、それぞれの営業所または事務所において帳簿を備え付け、保存しなくてもよい。

2 帳簿の記載事項が、電子計算機に備えられたファイルまたは磁気ディスク等に記録され、必要に応じ賃貸住宅管理業者の営業所または事務所において紙面に表示されるときは、帳簿への記載に代えることができる。

3 賃貸住宅管理業者が業務を実施するのに伴い、必要となる水道光熱費（賃貸住宅管理業者が一時的に支払い、後にその費用の支払いを賃貸人から受けるもの）は、帳簿の記載事項とならない。

4 賃貸住宅管理業者は、帳簿を各事業年度の末日をもって閉鎖し、閉鎖後20年間、保存しなければならない。

【問 34】 賃貸住宅管理業法における特定賃貸借契約に関する次の記述のうち、正しいものはどれか。

1 サブリース業者が転貸を目的として賃貸住宅を所有者から賃借する賃貸借契約（マスターリース契約）が特定賃貸借契約である。

2 賃貸人が個人である場合には、賃借人が賃貸人の親族である賃貸借であっても、特定賃貸借契約に該当する。

3 賃借人が個人であって、1年間の海外留学期間中、第三者に転貸することを可能とする条件でされた賃貸借契約は、特定賃貸借契約に該当する。

4 再転貸によって賃貸住宅を第三者（入居者）に使用させる場合には、賃借人（転貸人）と転借人（再転貸人）の間の賃貸借契約は、特定賃貸借契約に該当しない。

【問　35】　賃貸住宅管理業法における誇大広告等の禁止に関する次の記述のうち、誤っているものはどれか。

1　誇大広告等が禁止される広告の媒体は、新聞の折込チラシ、配布用のチラシ、新聞、雑誌、テレビ、ラジオまたはインターネットのホームページ等、種類を問わない。
2　特定転貸事業者の営業所の行う広告であっても、誇大広告等は禁止される。
3　広告表示が実際のものよりも著しく優良であり、もしくは有利であると人を誤認させるものに該当するかどうかは、広告に記載された一つひとつの文言等のみでは判断されない。
4　特定転貸事業者以外の者は、誇大広告等の禁止の対象者にはならない。

【問　36】　賃貸住宅管理業法における誇大広告等の禁止に関する次の記述のうち、誤っているものはどれか。

1　特定転貸事業者および勧誘者（特定転貸事業者等）は、実際のものよりも著しく優良であり、もしくは有利であると人を誤認させるような表示をしてはならない。
2　特定転貸事業者等は、著しく事実に相違する表示をしてはならない。
3　賃貸住宅の維持保全の実施方法は、誇大広告等が禁止される事項に含まれる。
4　著しく事実に相違するかどうかは、客観的に事実と表示との相違の度合いの大きさだけから判断されなければならない。

【問　37】　賃貸住宅管理業法における誇大広告等の禁止に関する次の記述のうち、誤っているものはどれか。

1　体験談を利用する場合には、「個人の感想です。経営実績を保証するものではありません」といった打消し表示が明瞭に記載されていても、禁止される誇大広告等にはあたる場合がある。

2　特定賃貸借契約の相手方となろうとする者に対し、断定的表現や目立つ表現などを使ってマスターリース契約の取引条件の有利さについて強調表示を行い、例外などがあるにもかかわらず打消し表示を行わないことは、禁止事項ではない。

3　賃貸住宅管理業法が禁止する誇大広告等に該当するかどうかは、表示物の媒体ごとの特徴も踏まえたうえで、賃貸人になろうとする者が実際に目にする状況において適切と考えられる文字の大きさで表示されているかどうかを検討する必要がある。

4　「〇年間は家賃保証を行う」という記載について、定期的な見直しがあること等のリスク情報を隣接する箇所に表示せず、離れた箇所に表示している場合は誇大広告等の禁止の規定に違反する。

【問　38】　賃貸住宅管理業法における不当な勧誘等の禁止に関する次の記述のうち、誤っているものはどれか。

1　特定賃貸借契約の勧誘にあたって、サブリース事業のメリットのみを伝え、将来の家賃減額リスク等のデメリットをあえて伝えない行為は、不当な勧誘等の禁止に違反する行為である。

2　特定賃貸借契約を勧誘するにあたって、故意に不実のことを告げる行為が行われた場合には、特定賃貸借契約が締結されなくても、不当な勧誘等の禁止に違反することになる。

3　特定転貸事業者が特定賃貸借契約の相手方（賃貸人）に対して、不実のことを告げて契約の解除の期限を徒過するよう仕向けることは、不当な勧誘等として禁止される行為になる。

4　故意に不実のことを告げるという積極的な行為を行わなければ、不当な勧誘等の禁止に違反する行為にならない。

【問　39】　特定賃貸借契約の契約締結時書面の交付に関する次の記述のうち、誤っているものはどれか。

1　特定転貸事業者は、特定賃貸借契約を締結したときには、遅滞なく、賃貸住宅の賃貸人に対して、必要事項を記載した書面（契約締結時書面）を交付しなければならない。

2　特定賃貸借契約の契約書が作成されている場合であって、その契約書に契約時書面の必要事項が記載されていれば、特定転貸事業者の契約締結時書面の交付の義務を果たしたことになる。

3　従前の契約について、賃料を変更する変更契約を締結する場合には、賃料以外の条項に変更がない場合には、特定転貸事業者には、契約締結時書面を交付する義務はない。

4　特定転貸事業者が賃貸住宅の維持保全について賃貸人から受託する場合には、特定賃貸借契約書によって維持保全についての管理受託契約書を兼ねることができる。

【問 40】 特定賃貸借標準契約書（国土交通省不動産・建設経済局令和3年4月23日更新）に関する次の記述のうち、誤っているものはどれか。

1 貸主は、借主が建物の維持保全を行うために必要な情報を提供しなければならない。

2 借主は、清掃業務を第三者に再委託することができる。

3 借主は、建物の維持保全の実施状況について、貸主と合意した頻度で報告の期日を定めた場合であっても、それ以外の時期に貸主から求められれば、実施状況について報告をする必要がある。

4 借主は、契約期間中に予告期間を設けた中途解約の申入れを行うことができるという特約を設けることはできない。

【問 41】 賃貸住宅管理業法における特定賃貸借契約の監督に関する次の記述のうち、正しいものはどれか。

1 特定賃貸借契約の適正化を図るため必要があるとしても、国土交通大臣に対し、その旨を申し出て、適当な措置をとるべきことを求めることができるのは、特定賃貸借契約を締結している者に限られる。

2 勧誘者が誇大広告等の禁止または不当な勧誘等の禁止の規定に違反しても、特定転貸事業者は業務停止の対象となることはない。

3 特定転貸事業者が誇大広告等の禁止または不当な勧誘等の禁止の規定に違反した場合、勧誘者が業務停止の対象となることがある。

4 国土交通大臣による特定転貸事業者に対する指示がなされた場合には、その旨が公表される。

【問 42】 空家対策に関する次の記述のうち、最も不適切なものはどれか。

1 空家の状況に応じた適切な管理・除却・利活用の一体的推進が、住生活基本計画の目標のひとつとされている。
2 空家対策としての住宅セーフティネット法には、住宅確保要配慮者の入居を拒むことができる住宅を提供するための仕組みが設けられている。
3 空家対策法は令和5年に改正され、空家等活用促進区域、財産管理人による所有者不在の空家の処分、支援法人制度などの仕組みが設けられた。
4 空家対策法によって特定空家等に指定された場合には、固定資産税軽減措置の適用が排除される。

【問 43】 賃貸不動産経営管理士の業務のうち、賃貸住宅管理業法上の業務管理者の選任等に関する次の記述のうち、正しいものはどれか。

1 営業所または事務所ごとに業務管理者を確実に選任すると認められないとしても、登録が拒否されることはない。
2 賃貸住宅管理業者に業務管理者がいない状態が生じた場合には、賃貸住宅管理業はすべての管理業務を行うことが禁止される。
3 業務管理者となる資格を有する者であっても、複数の営業所または事務所の業務管理者を兼ねることはできない。
4 賃貸住宅管理業者は、業務管理者を選任して、業務管理者に営業所または事務所における業務に関し、顧客への重要事項説明を行わせなければならない。

【問　44】　賃貸住宅の維持保全のための水害対策についての次の記述のうち、誤っているものはどれか。

1　洪水浸水想定区域は、想定最大規模降雨により河川が氾濫した場合に浸水が想定される区域である。

2　洪水浸水想定区域を指定するのは、国土交通大臣または都道府県知事であり、洪水浸水想定区域に指定された場合、市町村地域防災計画において定められた事項を住民、滞在者その他の者に周知させるため、水害ハザードマップ配布などの措置が講じられる。

3　水害ハザードマップにおける建物の所在地については、宅建業者が売買の仲介を行う場合の宅建業法上の重要事項説明の対象項目になる。

4　水害ハザードマップにおける建物の所在地については、宅建業者が賃貸借の仲介を行う場合の宅建業法上の重要事項説明の対象項目にはならない。

【問　45】　宅地建物取引業における虚偽広告およびおとり広告等に関する次の記述のうち、適切なものはどれか。

1　成約済みの物件を速やかに広告から削除せずに当該物件のインターネット広告等を掲載することは、おとり広告に該当する。

2　実際には取引する意思のない実在する物件を広告することは、物件の内容が事実に基づくものである限り、おとり広告に該当しない。

3　おとり広告は、宅地建物取引業法には違反しないが、不動産の表示に関する公正競争規約（平成17年公正取引委員会告示第23号）に違反する行為である。

4　賃料や価格、面積または間取りを改ざんする等して実際には存在しない物件を広告した場合であっても、実際に存在する他の物件情報をもとにして改ざんなどがなされている場合には、宅建業法に違反する行為ではない。

【問　46】　個人情報の保護に関する法律に関する次の記述のうち、最も適切なものはどれか。

1　個人情報を取り扱うにあたり、利用目的を「当社の提供するサービスの向上」と定めておけば、個人情報の利用目的を特定したことになる。

2　個人情報の取扱いについての利用目的を、本人の承諾を得ないで変更することはできない。

3　個人情報を取得した場合は、あらかじめその利用目的を公表している場合を除き、速やかにその利用目的を本人に通知し、または公表しなければならない。

4　個人データの取扱いの委託は、利用目的の達成に必要な範囲内であっても第三者に提供するものとなるので、禁止されている。

【問　47】　死後事務委任について、国土交通省および法務省が公表した残置物の処理等に関するモデル契約条項（モデル契約条項）における受任者への代理権授与および受任者選定に関し、次の記述のうち最も不適切なものはどれか。

1　受任者には合意解除の代理権が与えられる。

2　受任者には解除の意思表示を受ける代理権が与えられる。

3　モデル契約条項においては、賃貸人が受任者となることが推奨されている。

4　モデル契約条項においては、賃貸住宅の管理業者が受任者となることが認められている。

【問　48】　所得税に関する次の記述のうち、誤っているものはどれか。

1　不動産所得の金額は、不動産の収入から必要経費を差し引いて求める。

2　不動産所得の計算では、所得税と住民税は必要経費に含めることができるが、事業税は必要経費に含めることができない。

3　給与所得者に不動産所得がある場合には、確定申告においてその税額を計算のうえ申告をし、納付しなければならない。

4　修繕費は、資産について維持管理を目的とする修繕のために支出するものだから、必要経費または償却資産の取得価格となる。

【問　49】　保険に関する次の記述のうち、最も適切なものはどれか。

1　経営上のリスクへの対応のうち、リスクの転嫁ではなく、リスクを回避しようとする方策が保険である。

2　保険は、保険法によって商品構成が決められており、保険会社の商品によって補てんの対象と限度が異なるものではない。

3　保険については、人の死亡または生存について保険金を支払う生命保険が第1分野、偶然の事故により生じた危険に対して保険金を支払う損害保険が第2分野と分類されている。

4　すまいの保険とは、住宅に関する火災保険ではなく、火災以外による損害を補てんするための保険である。

【問　50】　プロパティマネジメント（PM）とアセットマネジメント（AM）に関する次の記述のうち、最も不適切なものはどれか。

1　プロパティマネージャーは、アセットマネジメント会社に業務を委託し、アセットマネジメント会社が建物の実際の管理を行う。

2　アセットマネージャーは、建物の実際の管理を行うために適切なプロパティマネジメント会社を選定する。

3　プロパティマネジメント会社は、アセットマネージャーに対して自らの業務を適切に行っていることについての説明責任を負う。

4　アセットマネジメント会社は、プロパティマネージャーからの情報によって投資判断を行う。

第2回　ベーシック編

この問題は、**正答率7割**を目標として、
合格基準点を**35点**以上に設定しました。

※免除講習の修了者に付与される5問免除については、考慮しておりません。

日建学院

各問題を取り外してご利用される方へ

この色紙を押さえながら、問題の冊子だけを取り外してください。

※ご注意
この色紙と問題の冊子は、ノリで接着されています。無理やりはがそうとすると冊子が破けてしまう恐れがありますので、取り外す際はていねいにお取り扱いください。

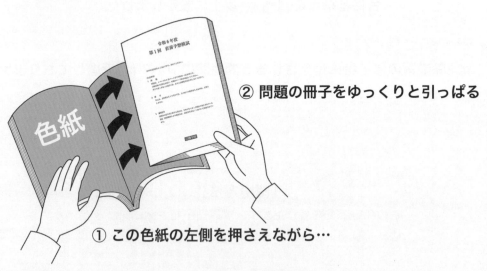

② 問題の冊子をゆっくりと引っぱる

① この色紙の左側を押さえながら…

＊ 取り外しの際の損傷によるお取り替えにつきましては、ご遠慮願います。

令和6年度
第2回　直前予想模試

次の注意事項をよく読んでから、始めてください。

(注意事項)

1　問　　題

問題は、1ページから28ページまで四肢択一式50問です。

試験開始の合図と同時に、問題のページ数を確認してください。

落丁や乱丁があった場合には、直ちに試験監督員に申し出てください。

2　解　　答

答えは、各問題とも1つだけです。2つ以上の解答をしたものは、正解としません。

3　適用法令

問題中の法令等に関する部分は、令和6年4月1日現在で施行されている規定（関係機関による関連告示、通達等を含む）に基づいて出題されています。

【問　1】　賃貸住宅管理業法における管理受託契約の締結前の重要事項説明につき、書面の交付に代えて書面に記載すべき事項を電磁的方法によって提供する場合に関する次の記述のうち、誤っているものはどれか。

1　書面の交付に代えて電磁的方法を用いることについての相手方の承諾を得るためには、情報提供をするための電磁的方法とファイルへの記録の方式を相手方に示さなければならない。

2　書面の交付に代えて電磁的方法を用いることについての相手方の承諾は、書面によって得ることもできる。

3　書面の交付に代えて電磁的方法を用いることについての相手方の承諾は、電子メール、WEBでのダウンロード、CD-ROM等相手方が承諾したことが記録に残る方法によって得なければならない。

4　書面の交付に代えて用いる電磁的方法については、受信者が受信者ファイルへの記録を出力することにより書面を作成できるものでなくてもよい。

【問　2】　賃貸住宅管理業者が賃貸人との間で管理受託契約で締結している賃貸住宅について、賃貸住宅の所有者が交替する場合に関する次の記述のうち、最も適切ではないものはどれか。

1　管理受託契約において委託者の地位承継にかかる特約が定められていなくても、賃貸人である所有者が賃貸住宅を譲渡した場合、管理受託契約の委託者の地位は賃貸住宅の譲受人に当然に承継される。

2　管理受託契約において、賃貸住宅が譲渡されたときには委託者の地位が譲受人に引き継がれるという特約が定められている場合、賃貸住宅が譲渡されて委託者の地位が譲受人に引き継がれるに際しては、管理受託契約の内容を記載した書面を交付するべきである。

3　管理業者が新たな賃貸人との間で管理委託契約を締結する場合には、新たな賃貸人との間で、従前の賃貸人との間の契約内容と同一の内容の契約を締結するとしても、賃貸住宅管理業者は、新たな賃貸人に管理受託契約締結時書面を交付しなければならない。

4　相続によって賃貸人が変更して管理受託契約が承継される場合であっても、賃貸住宅管理業者は、賃貸人の地位の移転を認識した後、遅滞なく新たな管理受託契約の相手方である賃貸人に当該管理受託契約の内容が分かる書類を交付することが望まれる。

【問　3】　賃貸住宅標準管理受託契約書（国土交通省不動産・建設経済局令和3年4月23日公表）に関する次の記述のうち、正しいものはどれか。

1　委託者は、委託者の責めに帰することができない事由によって管理業者が管理業務を行うことができなくなったときには、未履行の管理業務に対する管理報酬を含め、報酬の全額を支払わなければならない。

2　委託者または管理業者は、契約期間の満了後に合意による更新をしようとするためには、契約期間が満了する日の3か月前までに、相手方に対し、文書でその旨を申し出るものとする。

3　鍵の管理（保管・設置、交換およびその費用負担）に関する事項は、管理業者が行う。

4　委託者は、管理業者から要請があった場合には、管理業者に対して、委任状の交付その他管理業務を委託したことを証明するために必要な措置を採らなければならない。

【問　4】　委任契約の終了に関する次の記述のうち、民法の規定によれば、正しいものはどれか。

1　委任契約の当事者は、相手方の債務不履行がない場合には、特約がなければ、契約期間内に一方的な意思表示によって契約を解除することはできない。

2　委任契約が解除されて終了したときであっても、解除の効力は将来に向かって生じるのであり、委任契約の締結時にさかのぼらない。

3　受任者が死亡したときには、受任者の相続人がその義務を承継し、委任事務を処理しなければならない。

4　委任の終了事由は、これを相手方に通知しなければ、たとえ相手方がこれを知っていたときでも、これをもってその相手方に対抗することができない。

【問　5】　請負契約に関する次の記述のうち、正しいものはどれか。

1　請負人が仕事を完成しないうちであれば、注文者は、いつでも請負契約の解除をすることができる。

2　注文者が契約を解除した場合には、請負人に損害が生じても、注文者は損害賠償をする必要はない。

3　注文者が破産手続開始の決定を受けたとしても、請負人または破産管財人は、契約の解除をすることはできない。

4　請負人が仕事を完成させて目的物を注文者に引き渡した場合には、引き渡された目的物が種類、品質または数量に関して契約の内容に適合しないもの（契約不適合）であっても、注文者は契約を解除することはできない。

【問　6】　賃貸借契約が終了したときの建物の明渡し等に関する次の記述のうち、最も不適切なものはどれか。

1　貸主と借主が合意をすれば、什器備品、内装を残置したままで貸室の明渡しを行うことができる。

2　賃貸借が終了した後に明渡しがされない場合、特約がなければ、借主は貸主に対して、賃貸借終了から明渡しまでの賃料の倍額を支払わなければならない。

3　賃貸借が終了した後の鍵の交換は、次の入居者が決定した後に行うべきである。

4　賃貸借が終了した後の次の入居者のための鍵の交換は、賃貸人の負担で行うべきである。

【問　7】　賃貸住宅管理業者の委託者に対する管理業務報告書の説明方法に関する次の記述の
うち、最も不適切なものはどれか。

1　定期的に報告が行われている期間内において、管理受託契約の期間が満了して更新となる
　場合、定期報告のほかに、更新時における期間満了に伴う報告も必要である。
2　賃貸住宅管理業者の委託者に対する管理業務報告書の説明方法としては、メール等の電磁
　的方法によることが認められている。
3　管理業務報告を電磁的方法によって行う場合には、賃貸人との間で説明方法について協議
　の上、双方向でやりとりできる環境を整え、賃貸人が管理業務報告書の内容を理解したこと
　を確認しなければならない。
4　賃貸住宅管理業者は、電磁的方法によるデータの提供によって管理業務報告を行った場合
　には、データを適切に保存するよう努めなければならない。

【問　8】　簡易専用水道に関する次の記述のうち、誤っているものはどれか。

1　簡易専用水道は、水道事業者の水道と専用水道以外の水道で、水道事業から供給を受ける
　水のみを水源とし、水槽の有効容量の合計が10㎥未満の水道である。
2　簡易専用水道の水槽の掃除は、1年に1回実施しなければならない。
3　簡易専用水道の検査は、1年に1回、地方公共団体の機関または国土交通大臣および環境
　大臣の登録を受けた機関に委任して実施し、検査結果を保健所に報告しなければならない。
4　簡易専用水道によって供給する水が人の健康を害するおそれがあることを知ったときは、
　直ちに給水を停止し、水が人の健康を害するおそれがあることを関係者に周知させる措置を
　講じなければならない。

【問 9】 平成31（2019）年3月に国土交通省から公表された「賃貸住宅の計画的な維持管理及び性能向上の推進について〜計画修繕を含む投資判断の重要性〜」（以下、「報告書」という。）によれば、次の記述のうち最も不適切なものはどれか。

1 賃貸住宅の長期的な価値を維持するため、長期修繕計画で設定した修繕期間の間は、長期修繕計画を見直すことなく、計画に沿った修繕工事を実施する。

2 長期修繕計画では、物件の状況に応じて、計画期間、修繕の対象となる部位、各部位について将来見込まれる工事の内容、各部位の修繕周期、修繕費の概算額を明確に設定する。

3 賃貸住宅の点検の実施においては、建物および設備の状態を良好に保つために、頻度や内容の異なる点検を通じて建物各部の不具合や設備等の異常な動作等を把握し、適切に消耗品の交換や作動調整等の補修を行うとともに、その内容を記録保管していく。

4 日常点検や定期点検によって把握される不具合等が日常的な補修の範囲を超えるとき、または、長期修繕計画に予定される大規模な計画修繕の実施を検討する際には、建物および設備の劣化や損傷の程度・範囲等を詳細に把握し、問題の有無や原因、必要な修繕工事の内容および時期等を明らかにするために修繕前建物診断を実施する。

【問 10】 「原状回復をめぐるトラブルとガイドライン（再改訂版）」における借主負担の原状回復についての経過年数の考慮に関する次の記述のうち、最も適切なものはどれか。

1 借主の故意・過失によってフローリングの毀損が生じた場合、フローリングの毀損の部分補修についての借主の負担額を決めるにあたっては、経過年数が考慮される。

2 借主の故意・過失によって襖紙や障子紙の毀損が生じた場合、襖紙や障子紙を交換、修理するについての借主の負担額を決めるにあたっては、経過年数が考慮される。

3 耐用年数を超えた設備等については、借主が故意・過失等により設備等を破損し、使用不能になってしまい、従来機能していた状態まで回復させるために費用が必要であるとしても、その場合の費用は貸主が負担すべきである。

4 借主がクロスに故意に落書きを行った場合、クロスが耐用年数を超えていたとしても、これを消すための費用（工事費や人件費等）については、借主の負担となる。

【問 11】 原状回復について、経年変化や通常損耗について借主に特別の負担を課す特約に関する次の記述のうち、最も不適切なものはどれか。

1 借主が特約による義務負担の意思表示をしていなければ、その特約に効力は認められない。

2 借主が特約によって通常の原状回復義務を超えた修繕等の義務を負うことを認識したうえで、特約による義務負担の意思表示をすることが、特約の有効性の要件となる。

3 原状回復の取扱いについて、原状回復ガイドラインの内容と異なる特約の効力は認められない。

4 借主に特別の負担を課す特約については、客観的・合理的な理由が認められる場合に限って、貸主と借主の合意の効力が認められる。

【問　12】　アスベスト（石綿）に関する次の記述のうち、誤っているものはいくつあるか。

ア　アスベストは、吸い込んで肺の中に入ると、肺がん・中皮腫・肺線維症（じん肺）など、人命にかかわる健康被害を引き起こすおそれがあるために、現在では建築材料としてアスベストを使用したり、アスベストが含まれる建築材料を使用することは禁止されている。

イ　アスベスト含有が禁止される前に使用されていた建築材料の撤去や内装改修等に伴う仕上材を撤去する場合には、建築材料のレベル区分によって撤去方法、仮設養生などを行わなければならない。

ウ　2023（令和5）年10月1日以降に着工する工事に関して、建築物の解体等の作業を行うときは、リフォーム工事を含めて、資格者によるアスベストに関する事前調査が必要になった。

1　1つ
2　2つ
3　3つ
4　なし

【問　13】　シリンダーおよび鍵に関する次の記述のうち、最も不適切なものはどれか。

1　ディンプルキー対応シリンダーは、かつては広く利用されていたが、ピッキング被害が増加したため、現在では製造されていない。
2　ロータリー（U9）シリンダーは、ピッキングに対する防犯性能を備えており、現在最も普及しているシリンダーである。
3　サムターンとは、ドアの室内側に取り付けられ、錠の開け閉めを行うために使う金具である。
4　複数の錠を解錠することができる鍵を、マスターキーという。

【問 14】 自動火災報知設備等に関する次の記述のうち、最も不適切なものはどれか。

1 消防用設備等の点検報告では、機器点検は6か月に1回、総合点検は1年に1回行わなければならない。

2 共同住宅は特定防火対象物ではないから、資格者による防火対象物定期点検報告の義務はない。

3 自動火災報知設備等が設置されていないすべての住宅には、住宅用火災警報器の設置が義務づけられている。

4 煙感知器と熱感知器の反応速度を比べると、熱感知器のほうが反応が早い。

【問 15】 建物の構造と建築の工法に関する次の記述のうち、最も不適切なものはどれか。

1 壁式構造は、柱や梁がなく壁だけの構造であり、中高層の建物の骨組みとして用いられている。

2 ラーメン構造は、柱と梁を組み立て、その接合部をつなぎ、骨組みとする構造である。

3 木造は、建物の重量が軽く、施工もしやすいが、防火、耐火性能において他の建築構造と比較すると劣っている。

4 枠組壁工法（ツーバイフォー工法）には通し柱が不要であるが、気密性が高いので、建物の内部に湿気がたまりやすくなる。

【問 16】 外壁の劣化に伴って現れる現象に関する次の記述のうち、正しいものはいくつあるか。

ア タイル外壁やモルタル外壁等に多く発生する現象は、外壁を直接目視することによって確認するほか、外壁周辺におけるタイルなどの落下物の有無によって確認できることがある。

イ 外壁面の塗膜およびシーリング材の劣化により表面が粉末状になる現象は、手で外壁などの塗装表面を擦ると白く粉が付着することによって確認できる。

ウ モルタルやコンクリート中に含まれる石灰分が水に溶けて外壁表面に流れ出し、白く結晶化する現象は、内部に雨水等が浸入することにより発生し、目視によって確認することができる。

1 なし
2 1つ
3 2つ
4 3つ

【問 17】 賃貸住宅への給水に関する次の記述のうち、最も不適切なものはどれか。

1 水道直結方式のうち直結増圧方式は、水道本管から引き込んだ上水を増圧給水ポンプで各住戸へ直接給水する方式であるため、定期的なポンプの検査が必要である。

2 ポンプを用いず水道本管に直結する方式は、水の使用量が大きい建物に適している。

3 高置（高架）水槽方式は受水槽に蓄えた水を、揚水ポンプで屋上・塔屋の高置水槽まで汲み上げ、その後自然落下の重力により各住戸へ給水する方式であり、圧力はほとんど変動しないが、重力に頼るので上階は下階に比べて水圧が弱いという欠点がある。

4 圧力タンク方式は、水をいったん受水槽に蓄え、加圧給水ポンプで密閉圧力タンクに給水し、密閉圧力タンク内の空気を圧縮し、加圧して各住戸へ給水する方式である。

【問 18】 排水設備に関する次の記述のうち、最も不適切なものはどれか。

1 封水トラップは、排水管の内部に設置される。

2 排水の流れが悪くならないように、1系統の排水管に対し、2つ以上の封水トラップを直列に設置する二重トラップが推奨されている。

3 封水トラップでは、悪臭が発生したり、排水に支障を生じさせないため、破封の状態が生じないようにする必要がある。

4 封水深が浅いとトラップ内の封水がなくなりやすく、封水深が深いと自浄作用がなくなる。

【問 19】 都市ガスおよび都市ガス事業に関する次の記述のうち、最も適切なものはどれか。

1 都市ガスのガス製造事業は、ガスを製造し、これを導管によって、ガスを生活や事業に利用する需要者に直接供給する事業である。

2 都市ガスのガス小売事業は、ガスを小口の需要者に供給する事業であり、大口の供給者にガスを供給することはできない。

3 都市ガスの料金については規制はなく、事業者が自由に料金を決めることができる。

4 都市ガスのガス製造事業は、経済産業大臣の許可を受けなければ、営業を行うことはできない。

【問　20】　賃料の支払いに関する次の記述のうち、正しいものはいくつあるか。

ア　借主は、貸主の承諾を得て建物の全部を転借人に転貸していて自らは直接に建物を使用していないことを理由にして、賃料の支払いを拒むことはできない。

イ　賃料の支払時期について、賃料を前払いする旨の特約があれば、借主は、毎月末日までに翌月分の賃料を支払わなければならない。

ウ　賃料の支払場所について特約がないときには、貸主は、借主の住所に赴いて賃料を取り立てることになる。

エ　賃料の支払いを遅延した場合の遅延損害金について特約が定められていなくても、借主は、賃料の支払いを遅延した場合には、遅延損害金を支払わなければならない。

1　1つ

2　2つ

3　3つ

4　4つ

【問　21】　賃料増減請求権に関する次の記述のうち、誤っているものはどれか。

1　賃貸人は、最後に賃料の額が決められた時点を基準として、その後に賃料決定の前提となる事情に変更があったために賃料が不相当になったときには、賃料増額請求をすることができる。

2　賃料の自動増額特約が存在する場合は、特約の合意をした日以降の事情ではなく、特約による改定日以降の事情の変更を考慮して、賃料を増額するかどうかが判断される。

3　賃料増減請求を判断するための基礎となるのは、賃料増減請求権を行使するまでの事情であって、賃料増減請求権を行使した時点から後の事情は、賃料が不相当になったかどうかの判断においては考慮されない。

4　普通建物賃貸借契約において、賃料の増額または減額は協議によって定めるという条項が定められているとしても、賃貸人は、賃借人との協議を経ることなく賃料増額請求をすることができる。

【問　22】　企業の財務諸表の作成に関する次の記述のうち、最も適切なものはどれか。

1　貸借対照表では、左側に負債の部、右側に資産の部が記される。

2　貸借対照表の負債の部は、資金がどのようにして集められたかを示している。

3　損益計算書は、企業の一時点における資産と負債の状況を示した書類である。

4　損益計算書における項目（要素）は、収益と費用の2つである。

【問　23】　建物賃貸借の契約期間に関する次の記述のうち、誤っているものはいくつあるか。

ア　普通建物賃貸借では、50年を超える期間を定めることはできない。

イ　普通建物賃貸借では、期間を1年未満と定めることはできない。

ウ　普通建物賃貸借において契約期間を定めなかった場合は、契約は無効である。

エ　建物が共有である場合には、期間3年を超えない賃貸借については、共有者の持分の価格
　　に従い、その過半数で賃貸借契約を締結することができる。

1　なし

2　1つ

3　2つ

4　3つ

【問 24】 建物賃貸借における造作買取請求に関する次の記述のうち、正しいものはいくつあるか。

ア 建物とは独立した別の物でなければ、造作にはあたらない。

イ 造作買取請求権が行使されたときの造作の代金は、造作の設置に要した費用である。

ウ 造作買取請求権を行使しないという特約は、無効である。

1 1つ
2 2つ
3 3つ
4 なし

【問 25】 賃貸物件の修繕等に関する次の記述のうち、正しいものはどれか。

1 借主は、賃貸物件につき修繕を要すべき事故が生じたときは、貸主がこれを知っていたとしても、貸主に通知しなければならない。

2 貸主が借主の意思に反して保存行為をしようとするときは、そのために借主が賃借の目的を達することができなくなるとしても、借主は契約の解除をすることはできない。

3 転借人の責任によって賃貸物件が損傷した場合には、転貸について貸主が承諾をしていたとしても、借主は保管義務違反を免れない。

4 借主は、失火によって賃貸物件を損傷したとしても、失火について重過失がない限り、貸主に対する債務不履行による損害賠償義務を負わない。

【問　26】　定期建物賃貸借契約等の契約終了に関する次の記述のうち、誤っているものはどれか。

1　契約期間を1年未満とする定期建物賃貸借契約の場合には、終了通知をしなくても、貸主は、契約の終了をもって借主に対抗することができる。

2　契約期間を2年とする定期建物賃貸借契約において、貸主が期間の満了の1年前から6か月前までの間に、借主に対して期間満了により定期建物賃貸借契約が終了する旨の通知をしなかったとしても、その期間経過後に終了通知をした場合には、通知日から6か月を経過した後は、契約の終了を借主に主張することができる。

3　定期建物賃貸借契約は更新はできないが、契約終了に際して、貸主が借主に対して期間満了時の明渡しを猶予し、期間満了から一定期間経過後に明け渡すものと取り決めることは可能である。

4　定期建物賃貸借契約では、「借主は契約期間内に解約を申し入れることができる」という特約があったとしても、借主は契約期間内に解約を申し入れることはできない。

【問　27】　建物の所有者である貸主が設定した抵当権が実行され、競売により建物が買い受けられた場合の、借主と買受人の関係に関する次の記述のうち、正しいものはどれか。なお、賃借権についての登記はされていないものとする。

1　買受人と借主の優劣関係は、抵当権が設定された時期と借主が引渡しを受けた時期の先後関係によって決められる。

2　借主が建物の賃借権を買受人に対抗することができない場合には、競売開始前から建物を使用している借主は、買受人から建物の明渡しを求められた時には、直ちに買受人に対して建物を引き渡さなければならない。

3　借主が建物の賃借権を買受人に対抗することができない場合でも、借主は買受人に建物を明け渡した後に、買受人に対して、敷金の返還を請求することができる。

4　借主が建物の賃借権を買受人に対抗することができる場合には、賃貸借契約における貸主の地位は、当然に買受人に移転する。

【問　28】　賃貸借契約における保証に関する次の記述のうち、正しいものはどれか。

1　賃貸人の地位が移転した場合は、保証人は、新賃貸人に対しては保証債務を負わない。
2　賃貸人が書面または電磁的記録のいずれにもよらないで契約を締結することを承諾した場合には、賃貸借契約における賃借人の債務を保証するための保証契約は、口頭による合意によって契約が成立する。
3　保証人は、賃借人の委託を受けて賃貸借契約上の賃借人の一切の債務を保証した場合には、賃借人が賃料を滞納しているかどうかについて賃貸人に情報提供を求めることができる。
4　法人が保証人になる場合、賃借人は、保証人に対して事業のために負担する債務を主債務とする委託をするときは、保証人に財産および収支の状況等の情報提供をしなければならない。

【問　29】　賃貸住宅管理業法における賃貸住宅に関する次の記述のうち、正しいものはいくつあるか。

ア　1棟の家屋の一部が事務所用に、一部が居住用に使用されているなど、複数の用に供されている場合には、家屋のうち居住用の部分についても賃貸住宅に該当しない。
イ　賃貸の用に供する住宅であれば、賃貸人と賃借人との間で賃貸借契約が締結されていなくても、賃貸住宅になる。
ウ　家屋が建築中であって、完成していない場合には、その家屋は、賃貸住宅には該当しない。

1　1つ
2　2つ
3　3つ
4　なし

【問　30】　賃貸住宅管理業法における管理業務に関する次の記述のうち、誤っているものはどれか。

1　定期清掃業者、警備業者、リフォーム工事業者等が、維持または修繕のいずれか一方のみを行う場合は、管理業務にはあたらない。

2　エレベーターの保守点検・修繕を行う事業者等が、賃貸住宅の部分のみについて維持から修繕までを行う場合は、管理業務にはあたらない。

3　入居者からの苦情対応のみを行い、賃貸住宅の維持および修繕を行っていない場合は、管理業務にはあたらない。

4　賃貸住宅の賃貸人から委託を受けていなくても、維持および修繕を業として行えば、賃貸住宅管理業を営むものとなる。

【問　31】　賃貸住宅管理業法における賃貸住宅管理業者の登録に関する次の記述のうち、正しいものはどれか。

1　1つの都道府県だけで業務を行う賃貸住宅管理業者については、都道府県知事が賃貸住宅管理業者の登録を行う。

2　登録期間の満了日より前に登録の更新の申請があったときは、登録期間の満了の日までに申請に対する処分が行われなかったとしても、登録期間の満了日後に登録の効力が認められる。

3　10部屋のシェアハウスのうち、4部屋は賃貸借契約が締結され、残り6部屋は空室になっている場合は、管理戸数は4戸と数える。

4　日常的に管理業務を行う賃貸住宅の戸数が200戸未満の管理業者は、登録を受けることができない。

【問　32】　賃貸住宅管理業法における賃貸住宅管理業者の登録についての次の記述のうち、誤っているものはどれか。

1　賃貸住宅管理業者の登録を受けている法人が合併により消滅した場合には、法人を代表する役員であった者は、消滅した日から30日以内に、廃業等届出書を国土交通大臣に届け出なければならない。

2　賃貸住宅管理業者である法人が合併により消滅した場合には、法人の代表役員であった者が国土交通大臣に合併によって法人が消滅した旨を届け出たときに、賃貸住宅管理業の登録は効力を失う。

3　賃貸住宅管理業者である個人が死亡したときは、その相続人は、死亡の事実を知った日から30日以内に国土交通大臣に届け出なければならない。

4　現に賃貸住宅管理業を営んでいなくても登録を行うことはできるが、登録を受けてから1年以内に業務を開始しないときは、登録の取消しの対象となる。

【問　33】　賃貸住宅管理業法における管理業務の再委託の禁止に関する次の記述のうち、誤っているものはどれか。

1　賃貸住宅管理業者は、委託者から委託を受けた管理業務の全部を他の者に対して再委託してはならない。

2　管理受託契約に管理業務の一部の再委託に関する定めがあるときは、一部の再委託を行うことができる。

3　賃貸住宅管理業者が管理業務を再委託するときには、再委託先は、賃貸住宅管理業者でなければならない。

4　賃貸住宅管理業者は、管理受託契約が賃貸住宅管理業法の施行前に締結されたものであっても、管理業務の全部を他の者に対して再委託してはならない。

【問　34】　賃貸住宅管理業者の従業者証明書を携帯させる義務に関する次の記述のうち、誤っているものはどれか。

1　賃貸住宅管理業者は、その業務に従事する使用人その他の従業者に、その従業者であることを証する証明書を携帯させなければ、その者をその業務に従事させてはならない

2　賃貸住宅管理業者は、賃貸住宅管理業者と直接の雇用関係にあって賃貸住宅管理業の業務に携わる者には、非正規の従業員であっても、従業者証明書を携帯させなければならない。

3　賃貸住宅管理業者は、派遣事業者から賃貸住宅管理業者へ派遣され、賃貸住宅管理業の業務に携わる派遣社員については、直接の指揮命令権を有する者であっても、従業者証明書を携帯させることは義務づけられない。

4　賃貸住宅管理業者と直接の雇用関係にある者のうち、内部管理事務に限って従事する者については、従業者証明書を携帯させることは義務づけられない。

【問　35】　賃貸住宅管理業法における勧誘者に対する規制に関する次の記述のうち、正しいものはどれか。

1　特定賃貸借契約の勧誘者には、誇大広告等の禁止、不当な勧誘等の禁止、および契約締結前の重要事項説明義務の規律の遵守が義務づけられる。

2　明示的に勧誘を委託されていない者は、賃貸住宅管理業法上の勧誘者には該当しない。

3　特定転貸事業者から依頼を受けて勧誘する者から再委託を受けて勧誘行為を行う者についても、賃貸住宅管理業法上の規律の遵守義務が課される。

4　契約の内容や条件等に触れずに単に業者を紹介する者であっても、勧誘者として賃貸住宅管理業法によって規律を遵守するべき義務が課される。

【問　36】　賃貸住宅管理業法における広告表示に関する次の記述のうち、誇大広告等として違法な広告となるものはいくつあるか。

ア　契約期間が 20 年であったので、20 年間の契約期間中に業者から解約することが可能であったが、解約が可能である旨を記載せずに、「20 年一括借り上げ」と表示した。

イ　契約期間内に定期的な家賃の見直しや借地借家法に基づきサブリース業者からの減額請求が可能であるにもかかわらず、その旨を表示せず、「○年家賃保証」「支払い家賃は契約期間内確実に保証！一切収入が下がりません」と表示をした。

ウ　サブリース業者が実際には実施しない維持保全の業務を実施するかのように表示した。

エ　契約終了時には賃借人に原状回復費用の負担がないので、毎月オーナーから一定の費用を徴収して原状回復費用にあてることにしていたが、「原状回復費負担なし」と表示した。

1　1つ
2　2つ
3　3つ
4　4つ

【問　37】　賃貸住宅管理業法における不当な勧誘等の禁止に関する次の記述のうち、正しいものはいくつあるか。

ア　特定賃貸借契約の締結について迷惑を覚えさせるような時間に、特定転貸事業者の営業所を訪ねてきた顧客に対して勧誘を行う行為は、不当な勧誘等として禁止される。

イ　特定賃貸借契約の締結について、深夜または長時間の勧誘その他の私生活または業務の平穏を害するような方法により相手方等を困惑させる行為は、不当な勧誘等として禁止される。

ウ　特定賃貸借契約の締結をしない旨の意思を表示した相手方等に対して執ように勧誘する行為は、不当な勧誘等として禁止される。

1　なし
2　1つ
3　2つ
4　3つ

【問 38】 賃貸住宅管理業法における特定賃貸借契約の重要事項説明義務に関する次の記述のうち、誤っているものはどれか。

1 特定転貸事業者が特定賃貸借契約によって賃借した住宅を転貸しようとする場合、特定転貸事業者には、転借人になろうとする者に対して重要事項を説明する義務はない。

2 特定賃貸借契約の賃貸人となろうとする者は、特定賃貸借契約を締結しようとするときには、特定賃貸借契約の賃借人に対して、所定の重要事項を説明する義務を負う。

3 特定転貸事業者が相手方に説明すべき事項は、特定賃貸借契約の内容および履行に関する重要事項である。

4 特定転貸事業者が重要事項説明を行うにあたっては、相手方の知識や経験を勘案したうえで、説明を実施することが必要である。

【問 39】 特定賃貸借標準契約書（国土交通省不動産・建設経済局令和3年4月23日更新）に関する次の記述のうち、誤っているものはどれか。なお、特約はないものとする。

1 借主が貸主に支払うべき家賃のうち、1か月に満たない期間の家賃は、1か月を30日として日割計算した額とされている。

2 貸主及び借主は、家賃改定日において、家賃額決定の要素とした事情等を総合的に考慮した上で、近傍同種の建物の家賃に比較して家賃が不相当となった場合などにおいては、相手方に対する増額または減額の意思表示をすることによって、家賃を改定することができるとされている。

3 貸主は、借主が家賃支払義務を3か月分以上怠った場合において、相当の期間を定めて義務の履行を催告したにもかかわらず、その期間内に義務が履行されないときは、本契約を解除することができるとされている。

4 貸主は、借主が費用負担義務に違反した場合において、相当の期間を定めて義務の履行を催告したにもかかわらず、その期間内に義務が履行されないときは、本契約を解除することができるとされている。

【問 40】 賃貸住宅管理業法における業務および財産の状況を記載した書類の備置き、閲覧に関する次の記述のうち、誤っているものはどれか。

1 特定転貸事業者には、業務および財産の状況を記載した書類を、事業年度ごとに事業年度経過後3か月以内に作成し、営業所または事務所ごとに備え置くことが義務づけられている。

2 特定転貸事業者が備え置き、閲覧させるべき書類は、業務状況調書、貸借対照表および損益計算書であり、貸借対照表、損益計算書については、これらに代わる書面の備置き、閲覧をさせることで足りる。

3 業務および財産の状況を記載した書類について、ファイルまたは磁気ディスク等をもって備え置かれている場合における閲覧は、業務状況調書等を紙面または営業所または事務所に設置された入出力装置の映像面に表示する方法で行う。

4 特定転貸事業者は、特定転貸事業者の業務および財産の状況を記載した書類を、特定賃貸借契約に関する業務を行う営業所または事務所に備え置き、特定賃貸借契約の相手方または相手方となろうとする者からの請求があったときは、これらの書類の閲覧と謄写を認めなければならない。

【問 41】 賃貸住宅管理業法における転貸事業者に対する監督に関する次の記述のうち、誤っているものの組み合わせはどれか。

ア 特定転貸事業者等が違反行為を行ってから3年間を経過した場合には、監督処分はなされない。

イ 業務停止処分を受けた特定転貸事業者は、業務停止期間中においては、一切の特定賃貸借契約に関する行為をすることはできない。

ウ 勧誘者が特定賃貸借契約の相手方となろうとする者からの財産の状況を記載した書類の閲覧請求を拒否した場合であっても、国土交通大臣は、勧誘者に対して、請求者の求めに応じるよう指示をすることはできない。

1 ア、イ
2 イ、ウ
3 ウ、ア
4 ア、イ、ウ

【問　42】　令和5年住宅・土地統計調査住宅数概数集計（速報集計）結果（令和6年4月30日、総務省発表）によれば、次の記述のうち、最も不適切なものはどれか。

1　2023年10月1日現在における我が国の総住宅数は6,502万戸となり、2018年と比べ、4.2%増加した。

2　2023年10月1日現在における我が国の総住宅数のうち、空き家は900万戸であった。

3　2023年10月1日現在における総住宅数に占める空き家の割合（空き家率）は13.8%であり、2018年と比べ、2.0%減少した。

4　2023年10月1日現在の空き家数のうち、「賃貸・売却用及び二次的住宅を除く空き家」は385万戸であり、総住宅数に占める割合は5.9%となっている。

【問　43】　賃貸住宅管理業法上の業務管理者の選任および職務に関する次の記述のうち、正しいものはどれか。

1　賃貸住宅管理業者は、破産手続開始の決定を受けて復権を得ない者を業務管理者に選任することはできない。

2　賃貸住宅管理業法上、賃貸住宅管理業者が委託者に対して行う定期報告は、業務管理者が行わなければならない。

3　賃貸住宅管理業者が、重要事項説明を行うために賃貸住宅の賃貸人に交付する説明書面に業務管理者の記名がない場合には、賃貸住宅管理業法に違反する。

4　宅地建物取引業を営む事務所の専任の宅地建物取引士となっている者については、賃貸住宅管理業者が営業所または事務所における業務管理者に選任することはできない。

【問　44】　建築物省エネ法による表示制度に関する次の記述のうち、最も不適切なものはどれか。

1　建築物省エネ法による表示制度では、省エネ性能（エネルギー消費性能）、断熱性能（★マークや数字）、および目安光熱費がラベルに表示される。

2　建築物の販売や賃貸を代理し、またはその媒介を行う事業者は、建築物省エネ法による表示制度によってラベルの表示が義務づけられる。

3　2024年（令和6年）4月以降に建築確認申請を行う建築物が、建築物省エネ法による表示制度によるラベル表示義務づけの対象となる。

4　事業者のラベル表示義務は、努力義務ではあるが、表示を怠れば勧告され、または事業者名が公表される。

【問　45】　個人データの漏えい、滅失、毀損その他の個人データの安全の確保に係る事態（漏えい等）が生じたときの個人情報取扱事業者の対応に関する次の記述のうち、個人情報保護法によれば、最も不適切なものはどれか。

1　個人情報保護委員会に対する個人データの漏えい等の報告は、速やかに行わなければならないのであって、報告の時期としては2回に分けて報告することは認められない。

2　漏えい等の報告では、漏えい等が発生し、または発生したおそれのある個人データの項目、本人の数、漏えいの原因が個人情報保護委員会に報告すべき事項となっている。

3　漏えい等を報告するに際しては、二次被害またはそのおそれが無い場合であっても、二次被害またはそのおそれが無いことを報告しなければならない。

4　個人情報取扱事業者は、漏えい等が発生した場合には、本人に対し、その事態が生じた旨を通知をしなくてはならない。

【問　46】　障害者差別解消法に関する次の記述のうち、最も不適切なものはどれか。

1　障害者差別解消法は、全ての国民が、障害の有無によって分け隔てられることない社会を実現するための法律である。

2　障害者とは、心身の機能の障害がある者であって、障害および社会的障壁により継続的に日常生活または社会生活に相当な制限を受ける状態にあるものをいう。

3　差別的取扱いの禁止・合理的配慮提供の義務に違反した事業者には、主務大臣によって助言、指導または勧告がなされる。

4　事業者が社会的障壁の除去の実施について必要かつ合理的な配慮を行わなければならないことは、努力義務である。

【問　47】　死後事務委任について、国土交通省および法務省が公表した残置物の処理等に関するモデル契約条項（モデル契約条項）によれば、次の記述のうち最も適切なものはどれか。

1　モデル契約条項は、単身高齢者（60歳以上の者）が賃貸借契約を新たに締結する場面以外で利用されることが想定されている。

2　受任者は、推定相続人の了解を得なくても、賃料滞納があった場合の解除通知を受領することができる。

3　受任者は、推定相続人の了解がなければ、賃貸人との合意により賃貸借契約を解除をすることは認められない。

4　受任者は、室内の残置物の廃棄については、保管に適さない物であっても、推定相続人の了解がなければ、廃棄をすることができない。

【問　48】　家賃債務保証委託契約において、「家賃債務保証業者Ｙは、賃借人Ｘが支払を怠った賃料の合計額が賃料３か月分以上に達したときは、無催告にて、賃貸人ＡとＹとの間の賃貸借契約（原契約）を解除することができる」とする条項（本問では、「解除権付与条項」という。）が設けられた場合の解除権付与条項の効力に関する次の記述のうち、判例によれば、正しいものはどれか。

1　解除権付与条項は、賃貸借契約の当事者ではない家賃債務保証業社が限定なく無催告で解除できるとする条項だから、無効である。

2　解除権付与条項は、賃料の不払いが３か月分に過ぎないのに家賃債務保証業社が解除できるものとしており、賃料の不払いが多額でないにもかかわらず解除権の行使を認めるものだから、無効である。

3　解除権付与条項は、賃料の不払いの合計額が３か月に達し、賃貸人と賃借人の間の信頼関係が破壊されている場合に家賃債務保証業社の解除権の行使を認めるものだから、有効である。

4　解除権付与条項は、支払を怠った賃料の合計額が賃料３か月分以上に達したときに家賃債務保証業社が解除することができるという文言となっており、賃借人が理解の容易な文言についてその意味を理解したうえで承諾したものであるから、有効である。

【問　49】　減価償却に関する次の記述のうち、最も適切なものはどれか。

1　減価償却は、事業のために複数の期にわたって用いられる資産をそれぞれの期において費用化する手続きであり、土地および建物についてはいずれも減価償却される。

2　個人の所得税の計算においては、取得金額100万円未満の資産については、取得金額の全額を取得した年の必要経費に算入する。

3　減価償却の方法には、毎年の償却額を取得価額に対して一定率を乗じた一定額に決める定率法と、初期に減価償却費を多くして、年月の経過とともに逓減させていく定額法がある。

4　現在において新しく建築する新築建物については、減価償却における定率法の選択は認められない。

【問　50】　損害保険の構造および考え方に関する次の記述のうち、最も不適切なものはどれか。

1　保険料率は、保険加入者の公平を害さないように決定されるのであって、火災保険は、建物の構造、地域等により火災危険度が異なる場合にも、公平性への配慮から、同一の保険料率としなければならない。

2　損害保険において、保険契約を締結する保険加入者は、保険契約によりてん補される損害を受ける被保険者と、同一である必要はない。

3　損害保険は、大数の法則に基づいて、リスクの発生率と被害額を計算して保険料を算出し、事故の被害による損失を平準化する仕組みである。

4　損害保険の保険料は、純保険料と付加保険料から成り立つ。

第3回　マスター編

この問題は、**正答率6割**を目標として、
合格基準点を**30点**以上に設定しました。

※免除講習の修了者に付与される5問免除については、考慮しておりません。

日建学院

各問題を取り外してご利用される方へ

この色紙を押さえながら、問題の冊子だけを取り外してください。

※ご注意
この色紙と問題の冊子は、ノリで接着されています。無理やりはがそうとすると冊子が破けてしまう恐れがありますので、取り外す際はていねいにお取り扱いください。

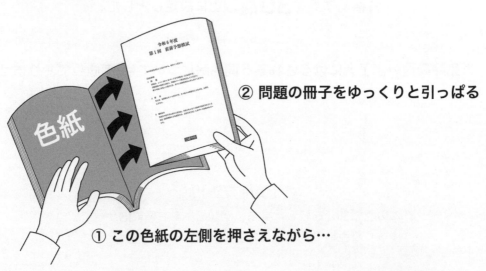

② 問題の冊子をゆっくりと引っぱる

① この色紙の左側を押さえながら…

＊ 取り外しの際の損傷によるお取り替えにつきましては、ご遠慮願います。

令和6年度
第3回　直前予想模試

次の注意事項をよく読んでから、始めてください。

（注意事項）

1　問　　題

問題は、1ページから28ページまで四肢択一式50問です。

試験開始の合図と同時に、問題のページ数を確認してください。

落丁や乱丁があった場合には、直ちに試験監督員に申し出てください。

2　解　　答

答えは、各問題とも1つだけです。2つ以上の解答をしたものは、正解としません。

3　適用法令

問題中の法令等に関する部分は、令和6年4月1日現在で施行されている規定（関係機関による関連告示、通達等を含む）に基づいて出題されています。

【問　1】　賃貸住宅管理業法における管理受託契約の締結前の重要事項説明に関する次の記述のうち、正しいものはどれか。

1　管理受託契約の相手方である賃貸住宅の賃貸人が、特定転貸事業者である場合にも、賃貸住宅管理業者は、管理受託契約の締結前に重要事項説明を行わなければならない。
2　管理受託契約の相手方である賃貸住宅の賃貸人が、資本金が1億円を超える株式会社である場合には、賃貸住宅管理業者は、管理受託契約の締結前の重要事項説明を行わなくてもよい。
3　管理受託契約の相手方である賃貸住宅の賃貸人が、公益社団法人である場合には、賃貸住宅管理業者は、管理受託契約の締結前の重要事項説明を行わなくてもよい。
4　管理受託契約の相手方である賃貸住宅の賃貸人が、組合員の間で不動産特定共同事業契約が締結されている組合である場合には、賃貸住宅管理業者は、管理受託契約の締結前の重要事項説明を行わなくてもよい。

【問　2】　賃貸住宅管理業者が行う管理受託契約のための賃貸人に対する重要事項説明について、最も不適切なものはどれか。

1　新規契約の重要事項説明については、電話による重要事項説明は認められない。
2　新規契約の重要事項説明については、管理受託契約重要事項説明を受けようとする者が承諾していれば、メールによる重要事項説明が認められる。
3　変更契約の重要事項説明については、賃貸人から賃貸住宅管理業者に対し、電話により重要事項説明を行ってほしいとの依頼があるなどの要件をみたす場合には、電話による重要事項説明が認められる。
4　テレビ会議等のITを活用して重要事項説明を行うためには、重要事項説明書をあらかじめ送付しておかなければならないが、説明を受ける者が承諾していれば、あらかじめ重要事項説明書を送付しておかなくても、説明を行うことが認められる。

【問　3】　賃貸住宅標準管理受託契約書（国土交通省不動産・建設経済局令和3年4月23日公表。以下、「標準管理受託契約書」という。）に関する次の記述のうち、誤っているものはどれか。

1　管理業者が借主に対して未収金を督促するについては、事前に委託者と協議し、委託者の承諾を求めなければならない。
2　管理業者は、事前に委託者と協議し、委託者の承諾を求めなければ、借主との間の賃貸借契約を更新することはできない。
3　管理業者が修繕の費用負担について入居者と協議するには、事前に委託者と協議し、委託者の承諾を求めなければならない。
4　管理業者が、賃貸借契約の終了に伴う原状回復について入居者との協議をしようとする場合には、事前に委託者と協議し、委託者の承諾を求めることが必要である。

【問　4】　委任に関する次の記述のうち、民法の規定によれば、誤っているものはどれか。

1　委任事務を処理したことで費用を支出したときには、受任者は委任者に対してその費用を請求することができるが、委任事務を処理する前に委任事務処理のための費用を請求することはできない。
2　受任者は、委任事務を処理するための費用を支出したときは、委任者に対し、その費用の償還請求をすることができるとともに、費用を支出した日以後における利息の償還を請求することができる。
3　委任契約の解除をした者は、相手方に不利な時期に解除したときであっても、やむを得ない事由があるときには、その解除によって発生した損害を賠償する義務はない。
4　委任者が受任者の利益をも目的とする委任契約を解除した場合には損害を賠償しなければならないが、受任者の利益が専ら報酬を得ることによるものである場合には、損害を賠償する必要はない。

【問　5】　請負契約に関する次の記述のうち、最も適切なものはどれか。

1　無償で仕事を完成させる合意をする場合には、請負契約は成立しない。
2　請負において、請負人は、報酬の支払いと同時でなければ仕事を完成しないという主張をすることができる。
3　請負契約と委任契約は、いずれも仕事の結果を目的とする契約である。
4　管理業務が実態としては労働者派遣として行われるとしても、形式的に請負契約とされている場合には、労働関連法令を遵守していなくても、違法な行為とはならない。

【問　6】　隣地から入り込んできた竹木の枝や根に対する土地の所有者の対応に関する次の記述のうち、正しいものはいくつあるか。

ア　土地の所有者は、隣地から入り込んできた竹木の枝について、竹木の所有者に枝を切除するよう催告したにもかかわらず、相当の期間内に切除しないときは、竹木の所有者の承諾を得ずに、自ら切り取ることができる。
イ　土地の所有者は、竹木の所有者を知ることができず、またはその所在を知ることができないときであっても、公示送達の手続きを行わなければ、隣地から入り込んできた竹木の枝を切り取ることはできない。
ウ　土地の所有者が隣地から境界線を越えて入り込んでいる枝を竹木の所有者の承諾を得ずに切り取ることが許される場合であっても、土地の所有者は枝の切除のために隣地に立ち入るには、隣地の土地の所有者の承諾が必要である。
エ　土地の所有者は、隣地の竹木の根が境界線を越えて土地に入り込んでいるときは、竹木の所有者の承諾を得ずに、その根を切り取ることはできない。

1　1つ
2　2つ
3　3つ
4　4つ

【問　7】　建物の設置または保存の瑕疵（かし）によって他人に損害を生じた場合の土地工作物責任に関する次の記述のうち、最も不適切なものはどれか。

1　所有者が損害の発生を防止するのに必要な注意をしていたのであれば、占有者が土地工作物についての無過失責任を負う。

2　建物の管理を行う賃貸住宅管理業者が、瑕疵を修補して損害を防止する立場にあって建物の安全確保について事実上の支配をなしうる場合には、占有者として土地工作物責任を負う。

3　建物に建築基準法違反があることによって他人に損害を生じたときは、建設業者が損害賠償責任を負う場合でも、建物の所有者または占有者は土地工作物責任を負う。

4　建物内の設備の占有者または所有者は、設備が土地に接着して設置された物であれば、設備の設置または保存に瑕疵があることによって他人に損害を生じたときは、土地工作物責任を負う。

【問　8】　賃貸借契約が終了しても借主が任意に明渡しをしない場合の明渡しの強制執行に関する次の記述のうち、誤っているものはどれか。

1　明渡しの強制執行には、債務名義、債務名義の送達、および執行文の付与が必要である。

2　強制執行認諾文言付きの公正証書によって賃貸借契約が締結されていても、賃貸借契約が終了して借主が明渡しを行わない場合に、公正証書を債務名義として明渡しの強制執行を行うことはできない。

3　和解調書または調停調書が債務名義となる場合の送達は、当事者からの申請をまつことなく、裁判所によって職権で行われる。

4　執行文は、裁判所書記官または公証人が債務名義によって強制執行を行うことを認める書類である。

【問　9】　賃貸住宅管理業法上の賃貸住宅管理業者の書面による定期報告における報告事項に関する次の記述のうち、正しいものはどれか。

1　書面による定期報告における報告事項のうち、管理業務の実施状況の報告対象は、賃貸住宅管理業法において管理業務と定義されている業務であり、管理業務と定義されているものでない業務の実施状況は、報告の対象ではない。

2　入居者から問合せがあった事実については、その問合せが苦情を伴わないものであったとして、報告の対象となる。

3　入居者からの苦情を報告するにあたっては、苦情を申し出た者の属性を委託者に伝えてはならない。

4　賃貸住宅管理業法上、書面による定期報告が義務付けられている事項の中には、家賃等金銭の収受状況は含まれていない。

【問　10】　建築基準法に基づく定期調査・検査に関する次の記述のうち、誤っているものはいくつあるか。

ア　建築基準法に基づく定期調査・検査の報告先は、特定行政庁である。

イ　共同住宅は、所定の規模を超えなければ、資格者に建築基準法に基づく定期調査・検査を行わせ、その結果を報告する義務はない。

ウ　共同住宅の定期調査報告の頻度は、1年に1回である。

エ　エレベーターの定期検査報告の頻度は、1か月に1回である。

1　1つ
2　2つ
3　3つ
4　4つ

【問　11】　次の図表は、原状回復における損耗・毀損事例の区分に関する図表であり、このうち、Aには、借主が通常の住まい方、使い方をしていても発生すると考えられるものが、Bには、借主の住まい方、使い方次第で発生したりしなかったりすると考えられる事項が、それぞれあてはまる。「原状回復をめぐるトラブルとガイドライン（再改訂版）」によれば、次の記述のうち、最も適切なものはどれか。

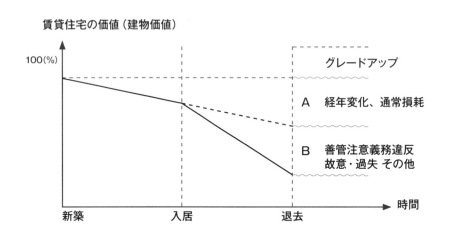

1　家具の設置による床やカーペットのへこみ、設置の跡は、Bにあてはまる。

2　網入りガラスの亀裂（構造により自然に発生したもの）は、Bにあてはまる。

3　壁に貼ったポスター、絵画の跡等によるクロスの変色は、Aにあてはまる。

4　壁や天井に付着したタバコ等のヤニや臭いは、Aにあてはまる。

【問　12】　原状回復の通常損耗補修特約について争われた最高裁判所平成17年12月16日判決に関する次の記述のうち、適切なものはどれか。

1　賃貸借契約は、借主による賃借物件の使用とその対価としての賃料の支払いを内容とするものであり、賃借物件の損耗の発生は、賃貸借という契約の本質上、当然に予定されているわけではない。

2　建物の賃貸借においては、借主が社会通念上通常の使用をした場合に生ずる賃借物件の劣化または価値の減少を意味する通常損耗に係る投下資本の減価の回収は、通常、減価償却費や修繕費等の必要経費分を賃料の中に含ませて、その支払いを受けることにより行われている。

3　建物の借主にその賃貸借において生ずる通常損耗についての原状回復義務を負わせるのは、借主に予期しない特別の負担を課すことにはならない。

4　借主が補修費用を負担することになる通常損耗の範囲が、賃貸借契約書の条項自体に具体的に明記されていなければ、特約による借主の通常損耗についての原状回復義務が認められることはない。

【問　13】　消火器に関する次の記述のうち、不適切なものはいくつあるか。

ア　住宅用消火器の設計標準使用期限はおおむね5年であり、5年が経過したときには、消火剤の詰め替えを行うこととされている。

イ　業務用消火器の設計標準使用期限は、おおむね10年である。

ウ　製造物責任法では、消火器については8年サイクルで交換するよう指導されている。

1　なし
2　1つ
3　2つ
4　3つ

【問 14】 建築法規に関する次の記述のうち、不適切なものはいくつあるか。

ア　地上に至る避難通路となる廊下や階段には、外気に開放された部分を除き、非常用照明を
　　設置しなければならない。

イ　建物内部の延焼を防ぐための内装材料の規制は、建物を新築する場合には適用されるけれ
　　ども、既存建物に内部造作を設置する工事を行う場合には適用されない。

ウ　住宅の居室に有効な照明設備が設置されているなどの措置が講じられていない場合には、
　　住宅の居室の開口部は居室の面積の10分の1の範囲まで緩和される。

1　1つ

2　2つ

3　3つ

4　なし

【問 15】 換気およびシックハウスに関する次の記述のうち、最も不適切なものはどれか。

1　建築物の居室には、技術基準に従った換気設備または床面積の20分の1以上の換気に有
　　効な開口部が必要とされており、部屋の間が間仕切りで区切られていても、間仕切りが襖な
　　どであって常に開放できる状態であれば、1室とみなされる。

2　ホルムアルデヒドを発散する建築材料について、「F☆☆☆☆」というシックハウス対策
　　ラベルが建築材料に貼られている場合には、居室の内装仕上げ材としての使用面積の制限が
　　ない。

3　換気量は、一般の居室では、1時間にその部屋の空気と同じ量の空気が、新しい空気と入
　　れ替わることが必要とされる。

4　第3種換気方式は、給気は自然換気で行い、排気は機械換気を用いるという換気方式であ
　　り、住宅の台所・厨房や便所、浴室などで採用されているが、十分な給気が確保されていな
　　いと、ドアや窓の開閉が困難になったり、風切り音が発生するという障害が生じる。

【問　16】　賃貸住宅への給水設備等に関する次の記述のうち、適切なものはどれか。

1　第一止水栓は、建物所有者が水道事業者から敷地内で最初に水を受け取る場所には設置されない。

2　受水槽の天井、底または周壁は、建物の躯体と兼用することができる。

3　大容量の受水槽では、主弁とパイロット弁からなる定水位弁という装置は使われない。

4　小規模受水槽における液面制御については、ボールタップの浮力の利用による方法が使われる。

【問　17】　封水トラップに関する次の記述のうち、最も不適切なものはどれか。

1　立て管内のはね出し作用によって、トラップ内の封水の破封が防がれる。

2　サイホン作用は破封の原因となる。

3　ドラムトラップは、隔壁トラップのひとつであり、封水の安定度が高い。

4　管トラップには、Ｓ型、Ｕ型、Ｐ型の種類があり、サイホン式トラップともいわれる。

【問 18】 液化石油ガスを販売・供給する事業に関する次の記述のうち、最も適切なものはどれか。

1　ＬＰガス小売供給事業は、ボンベに詰めたプロパンガスを一般の住宅や集合住宅に配送して、供給・販売する事業である。

2　ＬＰガス小売供給事業がガスを供給・販売する対象住宅の数については、最低限度が決められている。

3　ＬＰガス販売事業においては、プロパンガスは、導管を通じて顧客に供給される。

4　ＬＰガス販売事業は、プロパンガスを戸建て住宅に配送する事業であり、集合住宅はその配送対象ではない。

【問 19】 避雷設備に関する次の記述のうち、適切なものはどれか。

1　建築物・工作物の高さが31ｍを超えなければ、避雷設備を設置する義務はない。

2　避雷針は、建物の破壊を防ぎ、かつ停電や電気機器の故障を防止するための設備である。

3　落雷があった場合、雷サージによる電気機器の絶縁破壊や誤作動・劣化などの影響が及ぶ広さは限定的であり、広い範囲に影響が及ぶことはない。

4　雷保護用等電位ボンディングは内部雷保護のためのシステムであり、ボンディング用バーは、屋外から屋内に引き込む電力線や通信線などの引込み口に近い場所に設置し、大地に接地（アース）させる。

【問 20】 賃料についての弁済の提供および供託に関する次の記述のうち、正しいものはいくつあるか。

ア　貸主（債権者）が賃料を受け取ることができない場合には、借主（債務者）が賃料を供託しても、借主は賃料の支払義務を免れない。

イ　貸主が賃料を受け取らなくても、借主が賃料の支払いについて弁済の提供をすれば、借主は遅延利息や約定利息などの債務不履行責任を免れる。

ウ　借主は、供託後遅滞なく、貸主に供託の通知をしなければならない。

エ　貸主が借主に対して賃料増額請求を行い、借主がこれに対して賃料の増額を拒んだ場合には、賃料の増額を拒んだことを理由として、借主は賃料を供託することができる。

1　1つ
2　2つ
3　3つ
4　4つ

【問 21】 賃料増減請求権に関する次の記述のうち、誤っているものはどれか。

1 賃貸人が賃料増額請求を行った後に、賃料の増額について当事者間に協議が調わないときは、賃借人は、増額を正当とする裁判が確定するまでは、相当と認める額の建物の賃料を支払っておけば、賃料不払によって賃貸借契約を解除されることはない。

2 賃貸人が賃料増額請求を行ったが、賃料の増額について当事者間に協議が調わないために、賃借人が自ら相当と認める賃料を支払っていた場合に、裁判が確定してすでに支払った額に不足があるときは、賃借人は不足額に年1割の割合による支払期後の利息を付して不足額を支払わなければならない。

3 賃貸人が賃料増額請求を行ったが、賃料の増額について当事者間に協議が調わないために、賃借人が自ら相当と認める賃料を支払っていた場合に、裁判が確定してすでに支払った額が過払いとなるときは、賃貸人は過払額に年1割の割合による受領後の利息を付して過払額を返還しなければならない。

4 賃借人が賃料減額請求を行った後、賃料の減額について当事者間に協議が調わなかったために賃貸人が相当と認める額の賃料を請求し、賃借人がこれを支払っていたときには、裁判が確定してすでに支払った額が過払いとなるときは、賃貸人は超過額に年1割の割合による利息を付して過払額を返還しなければならない。

【問　22】　管理業者が賃借人から賃料 150,000 円を銀行口座に振り込む方法によって受領し、その後管理報酬 15,000 円を差し引いて、オーナーに、135,000 円を銀行口座に振り込む方法で支払った。この場合の仕訳について、次の文章のアからエまでに入る語句の組み合わせとして、正しいものは 1 から 4 までのうちどれか。

（文章）
管理業者は、賃借人から賃料 150,000 円を受領したときに、会計帳簿の［ア］に預金 150,000、［イ］に預かり賃料 150,000 と記帳し、管理報酬 15,000 円を差し引いてオーナーに 135,000 円を支払ったときに、会計帳簿の［ウ］に預かり賃料 150,000、［エ］に預金 135,000、管理報酬 15,000 と記帳した。

1　［ア］借方、［イ］貸方、［ウ］貸方、［エ］借方
2　［ア］借方、［イ］貸方、［ウ］借方、［エ］貸方
3　［ア］貸方、［イ］借方、［ウ］借方、［エ］貸方
4　［ア］貸方、［イ］借方、［ウ］貸方、［エ］借方

【問　23】　建物の賃貸借契約における貸主の修繕義務に関する次の記述のうち、誤っているものはどれか。
1　賃貸中の建物が損傷した場合において、その原因が天変地異等、不可抗力によるものであっても、貸主は賃貸中の建物を修繕する義務を負う。
2　借主は、賃借中の建物について雨漏りの修繕費用を支出したときには、貸主に対し、賃貸借契約終了を待つことなく、支出した費用の償還を請求することができる。
3　借主に用法遵守義務違反があったことを理由とする貸主から借主に対する損害賠償請求は、賃貸物件が返還された時から 1 年以内に行わなければならない。
4　借主に用法遵守義務違反があったことを理由とする貸主から借主に対する損害賠償請求権は、貸主が返還を受けた時から 1 年を経過しなくても、消滅時効期間が経過すれば、時効により消滅する。

【問　24】　建物賃貸借についての契約の更新、更新拒絶、および解約申入れに関する次の記述のうち、誤っているものはいくつあるか。

ア　普通建物賃貸借契約が法定更新され、当事者間で新たに契約期間の定めをしなかった場合は、法定更新後の賃貸借契約の期間は、法定更新前と同じ期間となる。

イ　貸主が更新拒絶するにあたって、立退料の支払い以外に正当事由が認められる要因が存在しなくても、相当の立退料の提示がなされれば、正当事由は肯定される。

ウ　貸主から借主に対して解約申入れを通知した時点で正当事由が存在しなければ、通知後に事情が変わって正当事由が具備され、かつ一定期間継続しても、解約の効果は生じない。

1　なし
2　1つ
3　2つ
4　3つ

【問　25】　居住用建物の定期建物賃貸借契約における、やむを得ない事情がある場合の賃借人からの期間内の解約申入れ（借地借家法第38条第7項）に関する次の記述のうち、誤っているものはいくつあるか。

ア　賃借人は、賃貸借の目的となる建物が床面積が200㎡未満の居住用建物である場合に限って、解約の申入れを行うことができる。

イ　賃借人から期間内に解約申入れを行う権利は、特約によって排除することはできない。

ウ　賃借人がやむを得ない事情により解約を申し入れたときには、賃貸借契約は、解約申入れの日から1か月を経過することによって終了する。

1　なし
2　1つ
3　2つ
4　3つ

【問　26】　サブリース事業が行われる場合における賃貸住宅の所有者、サブリース業者、入居者（転借人）の法律関係に関する次の記述のうち、誤っているものはどれか。

1　サブリース業者は、マスターリース契約において賃貸住宅の所有者の代理人の立場には立たない。

2　入居者（転借人）は、賃貸住宅の所有者とサブリース業者との間の賃貸借に基づくサブリース業者の債務の範囲を限度として、賃貸住宅の所有者に対して転貸借に基づく債務を直接履行する義務を負う。

3　賃貸住宅の所有者とサブリース業者の間の賃貸借が期間満了により終了する場合には、賃貸住宅の所有者はこの賃貸借契約の終了を入居者（転借人）に通知すれば、通知後6か月を経過することによって転貸借は終了する。

4　賃貸住宅の所有者が、貸主としてサブリース業者との賃貸借について期間満了によって更新拒絶をする場合における正当事由の有無の判断には、入居者（転借人）の事情は考慮されない。

【問　27】　建物の所有権が移転した場合の賃借人の地位等に関する次の記述のうち、正しいものはどれか。ただし、賃借権の登記はされていないものとする。

1　担保権の登記がされていない建物について賃貸借契約が締結され、賃借人が建物の引渡しを受けた後に、建物が賃貸人の債権者によって差し押さえられ、競売にかけられた場合には、賃借人は賃借権をもって買受人に対抗することはできない。

2　担保権の登記がされていない建物について賃貸借契約が締結され、賃借人が建物の引渡しを受けた後に、建物が賃貸人の債権者によって差し押さえられ、競売にかけられて買受人に建物の所有権が移転したときには、敷金に関する権利義務が買受人に承継されることはない。

3　抵当権設定の登記がされた後に賃貸借契約が締結され、賃借人が建物の引渡しを受けた場合には、抵当権の実行が建物の引渡しの後であっても、賃借人は、抵当権の実行による買受人に対して、賃借権を対抗することができない。

4　抵当権者に対抗することができない賃貸借により抵当権の目的である建物を使用する者は、競売手続の開始前に建物の使用を始めていても、建物が競売に付されて買い受けられた場合には、買受人から明渡しを求められれば、直ちに建物を明け渡さなければならない。

【問　28】　次の記述のうち、賃貸借の保証において、元本確定事由にならないものはいくつあるか。

イ　賃貸人の死亡
ロ　保証人の死亡
ハ　賃借人の財産についての強制執行の申立て

1　なし
2　1つ
3　2つ
4　3つ

【問　29】　賃貸住宅管理業法における賃貸住宅に関する次の記述のうち、正しいものはいくつあるか。

ア　いわゆるマンスリーマンションについては、利用者の滞在期間が長期に及ぶなど生活の本拠として使用されることが予定されているときには、賃貸住宅に該当する。
イ　いわゆるウィークリーマンションが、旅館業法による許可を受け、旅館業として宿泊料を受けて人を宿泊させている場合には、賃貸住宅に該当する。
ウ　いわゆる特区民泊の対象となる住宅については、現に人が宿泊しているか、または現に宿泊の予約や募集が行われている状態の場合には、賃貸住宅に該当する。
エ　住宅宿泊事業による民泊の対象となる住宅については、民泊事業の用に供されていれば、賃貸住宅に該当する。

1　1つ
2　2つ
3　3つ
4　4つ

【問 30】 賃貸住宅管理業法における賃貸住宅管理業者の登録の拒否に関する次の記述のうち、誤っているものはどれか。

1 法人Aの役員のうちに、破産手続開始の決定を受けた者がいても、その役員が復権を得ていれば、法人Aの登録は拒否されない。

2 法人Bの役員のうちに、道路交通法の規定に違反したことにより科料に処せられ、その刑の執行が終わった日から5年を経過しない者がいても、Bの登録の申請は拒否されない。

3 法人Cの役員のうちに、宅建業法の規定に違反したことにより罰金の刑に処せられた者がいる場合であっても、法人Cの登録は拒否されない。

4 法人Dの役員のうちに、刑法第204条（傷害）の罪を犯し懲役1年の刑に処せられ、その刑の執行猶予期間を経過したが、その経過した日から5年を経過しない者がいる場合は、Dの登録の申請は拒否される。

【問 31】 賃貸住宅管理業法（本問では、「法」という。）の施行前に締結された契約に対する法の適用に関する次の記述のうち、誤っているものはいくつあるか。

ア 法の施行前に締結された管理受託契約に基づいて、法の施行後に管理業務が実施される場合、家賃、敷金等を分別管理しなければならない。

イ 法の施行前に締結された管理受託契約に基づいて、法の施行後に管理業務が実施される場合、委託者に対して定期報告をしなければならない。

ウ 法の施行前に締結された特定転貸借契約について、法の施行後に従前とは異なる内容で変更契約を締結した場合には、契約締結時書面を交付しなければならない。

エ 法の施行前に締結された特定転貸借契約については、法の施行後にも、業務状況調書等の備置き、閲覧の対象とならない。

1 1つ
2 2つ
3 3つ
4 4つ

【問　32】　賃貸住宅管理業法における賃貸住宅管理業者に対する監督等に関する次の記述のうち、誤っているものはどれか。

1　国土交通大臣は、賃貸住宅管理業の適正な運営を確保するため必要があるときは、必要な限度において、賃貸住宅管理業者に対し、業務改善を命ずることができる。

2　国土交通大臣は、賃貸住宅管理業者がその営む賃貸住宅管理業に関し、業務改善命令に違反したときには、その登録を取り消し、または2年以内の期間を定めてその業務の全部もしくは一部の停止を命ずることができる。

3　業務の全部もしくは一部の停止の命令は、命令をしようとする日前5年間に賃貸住宅管理業者がした違反行為に対してなされる。

4　国土交通大臣が業務の全部もしくは一部の停止を命ずる場合の業務停止の範囲は新規の契約締結であり、適法に締結された賃貸住宅管理受託契約に基づく業務の停止を命ずることはできない。

【問　33】　賃貸住宅のマスターリース契約について、賃貸人と賃借人との間にそれぞれ各記述の関係がある場合における賃借人の賃貸住宅管理業法上の義務の遵守に関する次の記述のうち、正しいものはどれか。

1　賃貸人が個人、賃借人が賃貸人の親族が役員である法人である場合には、賃借人には誇大広告等の禁止の規律の遵守が義務づけられる。

2　賃貸人が登録投資法人、賃借人が登録投資法人の関係会社である場合には、賃借人には不当な勧誘等の禁止の規律の遵守が義務づけられない。

3　賃貸人が特定目的会社、賃借人が委託を受けて特定資産の管理処分業務を行う者の関係会社である場合には、賃借人には特定賃貸借契約についての重要事項説明義務の規律の遵守が義務づけられる。

4　賃貸人が信託の受託者、賃借人が信託の委託者または受益者の関係会社である場合には、賃借人には特定賃貸借契約についての契約締結時書面の交付の規律の遵守が義務づけられない。

【問 34】 賃貸住宅管理業法における誇大広告等の禁止に関する次の記述のうち、適切なものの組合せはどれか。

ア 「○年間借り上げ保証」という表示を行ってはならない。

イ 賃料の額の見直しがある場合においては、その見直しの時期だけではなく、借地借家法第32条に基づく家賃の減額請求権についても、誇大広告等が禁止される事項となる。

ウ 広告において「家賃保証」「空室保証」など、空室の状況にかかわらず一定期間、一定の家賃を支払うことを約束する旨等の表示を行うことは禁止されない。

1 ア、イ
2 イ、ウ
3 ア、ウ
4 ア、イ、ウ

【問　35】賃貸住宅管理業法における不当な勧誘等の禁止に関する次の記述のうち、正しいものはいくつあるか。

ア　特定賃貸借契約の相手方または相手方となろうとする者の判断に影響を及ぼすこととなる重要なものについての事実不告知または不実告知でなければ、不当な勧誘等の禁止に該当しない。

イ　事実不告知または不実告知については、行為者に故意または過失があった場合が禁止の対象であって、行為者に故意があった場合だけでなく、過失があった場合にも違反行為となる。

ウ　特定賃貸借契約の勧誘にあたって、特定賃貸借契約には新築当初の数か月間の借り上げ賃料の支払免責期間があるにもかかわらず、あえて免責期間の説明をしない行為は不当な勧誘等の禁止に違反する行為である。

エ　特定賃貸借契約の勧誘にあたって、大規模な修繕費用は賃貸人負担であるにもかかわらず、「維持修繕費用は全て事業者負担である」と伝える行為は、不当な勧誘等の禁止に違反する行為である。

1　1つ
2　2つ
3　3つ
4　4つ

【問 36】 特定賃貸借契約の締結における不当な勧誘等の禁止に関する次の記述のうち、最も適切なものはどれか。

1 勧誘行為において、相手方等に恐怖心を生じさせることが威迫行為として不当な勧誘等になるのであって、恐怖心を生じさせるまでに至らず、不安の念を抱かせる行為にとどまっている場合には、不当な勧誘等としての威迫行為にはあたらない。

2 特定賃貸借契約の締結または更新の勧誘に関しては、午後9時から午前8時までの時間帯に電話または訪問によって勧誘を行うことは、相手方の承諾があったとしても禁止される。

3 相手方等が、契約の締結または更新をしない旨の意思を口頭や書面等で明示的に表明していない状況であれば、特定転貸事業者等が勧誘を継続することは、執ように勧誘する行為には該当しない。

4 執ように勧誘する行為が不当な勧誘等として禁止されるのは、自宅または勤務先を訪問したり、電話をかけたりする場合であり、メールなどその他の方法による勧誘については、執ように勧誘する行為にはあたらない。

【問 37】 特定転貸事業者が特定賃貸借契約を締結する前に行うべき重要事項説明に関する次の記述のうち、誤っているものの組合せはどれか。

ア 賃貸住宅の賃貸人になろうとする者が別の特定転貸事業者である場合には、特定転貸事業者は、重要事項説明を行わなくてもよい。

イ 賃貸住宅の賃貸人になろうとする者が賃貸住宅管理業者である場合には、特定転貸事業者は、重要事項説明を行わなくてもよい。

ウ 賃貸住宅の賃貸人になろうとする者が宅地建物取引業者である場合には、特定転貸事業者は、重要事項説明を行わなければならない。

エ 賃貸住宅の賃貸人になろうとする者が200戸以上の賃貸住戸を賃貸する者である場合には、特定転貸事業者は、重要事項説明を行わなくてもよい。

1 ア、ウ
2 ウ、エ
3 イ、ウ、エ
4 ア、イ、ウ、エ

【問　38】　特定賃貸借契約重要事項説明に関する次の記述のうち、最も適切なものはどれか。

1　特定賃貸借契約重要事項説明は、特定転貸事業者自らが行わずに、専門的な知識および経験を有する第三者に委託をして行わせてもよい。

2　賃貸住宅管理業法施行後に締結された特定賃貸借契約について変更契約を締結しようとする場合には、変更のあった事項に限らず変更されない事項を含めて、法令で定められた事項について、賃貸人に対して書面の交付等を行った上で説明しなければならない。

3　賃貸住宅管理業法施行前に締結された特定賃貸借契約について、法施行後に特定賃貸借契約変更契約を締結しようとするときには、法施行後に賃貸人に対して特定賃貸借契約重要事項説明を行っていないとしても、法令で定められた事項のうち、変更のあった事項についてだけ、重要事項説明を行えばよい。

4　特定賃貸借契約が締結されている賃貸住宅が、契約期間中売却されることにより、賃貸人たる地位が新たな賃貸人に移転し、従前と同一内容によって当該特定賃貸借契約が承継される場合には、遅滞なく、新たな賃貸人に特定賃貸借契約の内容が分かる書類を交付することが望ましい。

【問　39】　特定賃貸借契約重要事項説明に関する次の記述のうち、最も不適切なものはどれか。

1　新規契約の重要事項説明について、定められた要件をみたす場合には、電話やメールによる手段のみでの重要事項説明が認められる。

2　変更契約の重要事項説明について、賃貸人から電話により特定賃貸借契約変更契約の重要事項説明を行ってほしいとの依頼がない場合には、電話による重要事項説明をすることはできない。

3　変更契約の重要事項説明を電話によって行った場合には、特定転貸事業者は、賃貸人が電話による説明をもって特定賃貸借契約変更契約の重要事項説明の内容を理解したことについて、確認しなければならない。

4　変更契約の重要事項説明について賃貸人から特定転貸事業者に対し、いったん電話により特定賃貸借契約変更契約の重要事項説明を行ってほしいとの依頼があった場合には、後に賃貸人から、電話でなく対面またはＩＴの活用による説明を希望する旨の申出があれば、対面またはＩＴの活用による重要事項説明をしなければならない。

【問　40】　特定賃貸借標準契約書（国土交通省不動産・建設経済局令和3年4月23日更新）に関する次の記述のうち、誤っているものはどれか。なお、本問では、マスターリース契約（特定賃貸借契約）を「本契約」というものとする。

1　貸主が借主の転貸を承諾するにあたっては、借主および転借人が、それぞれ相手方に対し、相手方の信用を毀損する行為をしない旨を確約することが条件とされている。
2　貸主が借主の転貸を承諾するにあたっては、借主または転借人が契約締結後に反社会的勢力に該当した場合には催告のうえ転貸借契約を解除できるものとすることが、転貸条件とされている。
3　本物件の全部が滅失その他の事由により使用できなくなったことによって本契約が終了した場合には、貸主は、転貸借契約における借主の転貸人の地位を承継しない。
4　貸主は、転借人について、反社会的勢力に自己の名義を利用させ、この契約を締結するものでないという確約の違反があった場合には、本契約が終了したときにも、転貸借契約における借主の転貸人の地位を承継しない。

【問　41】　特定転貸事業者のサブリース規制について、懲役刑が科される違反行為は、次の記述のうちのどれか。

1　特定転貸事業者が、特定賃貸借契約の勧誘を行うにあたり、故意に事実を告げず、または不実のことを告げた違反行為
2　特定転貸事業者が、特定賃貸借契約の勧誘を行うにあたり、著しく事実に相違する表示をし、または実際のものよりも著しく優良であり、もしくは有利であると人を誤認させるような表示をした違反行為
3　特定転貸事業者が、特定賃貸借契約を締結させるため、特定賃貸借契約の相手方となろうとする者を威迫する行為を行った違反行為
4　特定転貸事業者が、特定賃貸借契約を締結したときに、特定賃貸借契約の相手方に対し、書面を交付しなかった違反行為

【問　42】　賃貸住宅管理業法における賃貸不動産経営管理士または業務管理者に関する次の記述のうち、誤っているものはどれか。

1　賃貸不動産経営管理士は、一般社団法人賃貸不動産経営管理士協議会の賃貸不動産経営管理士試験・登録事業による賃貸不動産経営管理士試験に合格し、登録手続を完了した者である。

2　一般社団法人賃貸不動産経営管理士協議会による賃貸不動産経営管理士試験・登録事業は、賃貸住宅管理業法における業務管理者の知識および能力を有することを証明する事業として、国土交通大臣の登録を受けている。

3　業務管理者として選任された賃貸不動産経営管理士は、営業所または事務所における業務に関し、管理受託契約の内容の明確性、管理業務として行う賃貸住宅の維持保全の実施方法の妥当性、従業者証明書の携帯等について、管理および監督に関する事務を行うものとされている。

4　業務管理者として選任された賃貸不動産経営管理士は、営業所または事務所における業務に関し、賃貸住宅の入居者の居住の安定および賃貸住宅の賃貸に係る事業の円滑な実施を確保するため必要な事項についての管理および監督に関する事務を行うものとされている。

【問　43】　不動産管理業者の対応に関する、国土交通省所管事業における障害を理由とする差別の解消の推進に関する対応指針における次の記述のうち、最も不適切なものはどれか。

1　知的障害を有する者やその家族等から分かりづらい言葉に対して補足を求める旨の意思の表明があったにもかかわらず、補足をすることなく説明を行うことは、合理的配慮の提供義務違反に該当する。

2　電話利用が困難な障害者から直接電話する以外の手段により各種手続が行えるよう対応を求められた場合に、具体的に対応方法を検討せずに対応を断ることは、合理的配慮の提供義務違反に該当する。

3　歩行障害を有する者やその家族から、個別訪問により重要事項説明を行うことを求められた場合に、個別訪問による重要事項説明を断ることは、合理的配慮の提供義務違反に該当する。

4　建物内の掲示または各戸に配布されるお知らせ等について、障害者やその家族・介助者等から文章の読み上げやテキストデータによる提供を求める旨の意思の表明があったにもかかわらず、具体的に対応方法を検討せずに対応を断ることは、合理的配慮の提供義務違反に該当する。

【問　44】　個人データの漏えい、滅失、毀損その他の個人データの安全の確保に係る事態（漏えい等）について、個人情報取扱事業者に個人情報保護委員会への報告が義務づけられていないものは次の記述のうち、いくつあるか。

ア　要配慮個人情報の漏えい等
イ　不正アクセス等故意による漏えい等
ウ　100人を超える個人データの漏えい等
エ　財産的被害が発生するおそれがある場合

1　4つ
2　3つ
3　2つ
4　1つ

【問 45】 建設業法による建設業の許可に関する次の記述のうち、誤っているものはどれか。

1 建設業を営もうとする者は、一の都道府県の区域内のみで営業をしようとする場合には都道府県知事の許可を、二以上の都道府県の区域内で営業しようとする場合は国土交通大臣の許可を、それぞれ得なければならない。

2 工事一件の請負代金の額が1,500万円に満たない建築一式工事だけを請け負うことを営業する場合には、許可を得ずに建設業を営むことができる。

3 工事一件の延べ面積が150㎡に満たない木造住宅の建築一式工事だけを請け負うことを営業する場合には、許可がなくても建設業を営むことができる。

4 建築一式工事以外の建設工事であって、工事代金が500万円未満の工事だけを請け負うことを営業する場合には、許可がなくても建設業を営むことができる。

【問 46】 家電リサイクル法に関する次の記述のうち、誤っているものはどれか。

1 家電リサイクル法の対象となる廃棄物は、①エアコン、②テレビ、③冷蔵庫・冷凍庫、④洗濯機・衣類乾燥機の4つであり、家庭用電化製品であってもこれらの4つの機器以外のものは家電リサイクル法の対象となる廃棄物にはあたらない。

2 家電リサイクル法による義務の対象は、小売業者と製造業者であり、小売業者と製造業者に家電リサイクル法の対象となる廃棄物についての再商品化が義務づけられる。

3 家電リサイクル法により、小売業者には、廃棄物についての消費者および事業者からの引取、および製造業者等への引渡が義務づけられるが、管理票の交付・管理・保管等は、小売業者の法律上の義務とはされていない。

4 賃貸管理業者は、家電量販店・共同調達組織・販社などから家庭用エアコンを調達し、オーナーにその代金を請求している場合には、家電リサイクル法に基づいて、一般家庭や事務所から排出された家電製品から、有用な部分や材料をリサイクルし、廃棄物を減量するための法律上の義務が課される。

【問　47】　相続登記の義務化に関する次の記述のうち、誤っているものはどれか。

1　不動産登記法改正によって、不動産（土地建物）を相続した場合には、相続で土地建物を取得したことを知ったときから3年以内に相続登記をすることが相続人の義務とされた。

2　正当な理由がないのに、不動産の相続を知ってから3年以内に相続登記の申請をしないと、10万円以下の過料に処される。

3　相続登記は、2024年（令和6年）4月より後に発生した相続によって不動産を取得した場合に限って義務化される。

4　相続人が法務局（登記官）に対して、対象となる不動産を特定した上で、所有権の登記名義人について相続が開始した旨、および自らがその相続人である旨を申し出れば、申出をした相続人については、相続登記の義務を履行したものとみなされる。

【問　48】　固定資産税に関する次の記述のうち、正しいものはどれか。

1　固定資産税には、土地と建物については免税点の定めがあるが、償却資産については免税点の定めはない。

2　固定資産税の標準税率は1.4/100であり、自治体ごとにこれと異なる税率を定めることは認められない。

3　固定資産税についての住宅用地の課税の特例の適用においては、200㎡以下の部分に関する小規模住宅用地の場合は、課税標準が1/3に軽減される。

4　固定資産税についての住宅用地の課税の特例の適用において、店舗併用住宅が土地上に存在する場合には、居住用部分が建物の1/2以上であれば、敷地すべてが住宅用地とみなされる。

【問　49】 地震保険に関する次の記述のうち、最も不適切なものはどれか。

1　居住の用に供する建物や生活用動産のみではなく、事業用の建物や事業用の動産も保険の目的とすることができる。

2　損害保険契約に付帯して締結されるものであって、損害保険の保険金額の 30/100 以上、50/100 以下の額に相当する金額のてん補がなされる。

3　保険給付（保険金）は、居住用建物 5,000 万円、生活用動産 1,000 万円が上限である。

4　保険給付の請求には、市町村長によって作成されるり災証明書が利用される。

【問　50】 私募リートに関する次の記述のうち、適切なものはいくつあるか。

ア　私募リートは、近年規模を拡大しているが、投信法（投資信託法）に基づく不動産投信（不動産投資信託）ではない。

イ　Ｊリートには運用期間の定めがないが、私募リートは、私募ファンドと同様に、運用期間が定められている。

ウ　私募リートは、Ｊリートと比較すると、投資家数が多く投資家の投資額が小さい、私募ファンドと比較すると、投資家数が少なく投資家の投資額が小さいという特徴がある。

1　なし
2　1つ
3　2つ
4　3つ

2024年度版
賃貸不動産経営管理士
直前予想模試

解答・解説

凡 例　一部の法令名等については、以下のような略称を用いて表記しております。

賃貸住宅管理業法（または「法」）……　賃貸住宅の管理業務等の適正化に関する法律

施行令………………………………　賃貸住宅の管理業務等の適正化に関する法律施行令

施行規則……………………………　賃貸住宅の管理業務等の適正化に関する法律施行規則

解釈・運用の考え方………………　賃貸住宅の管理業務等の適正化に関する法律の解釈・運用の考え方

サブリースガイドライン……………　サブリース事業に係る適正な業務のためのガイドライン

原状回復ガイドライン………………　原状回復をめぐるトラブルとガイドライン（再改訂版）

個人情報保護法………………………　個人情報の保護に関する法律

障害者差別解消法……………………　障害を理由とする差別の解消の推進に関する法律

耐震改修促進法………………………　建築物の耐震改修の促進に関する法律

宅建業法………………………………　宅地建物取引業法

人の死の告知に関するガイドライン……　宅地建物取引業者による人の死の告知に関するガイドライン

第1回 ライト編
解答・解説

第1回　ライト編　【正解番号・項目一覧】

*正解した問題にはCheck欄に「✔」印を付けておきましょう。

問題番号	正解	項目	Check
問1	1	管理受託契約重要事項説明	□□□
問2	4	管理受託契約重要事項説明（IT）	□□□
問3	3	管理受託契約の契約締結時書面	□□□
問4	2	賃貸住宅標準管理受託契約書	□□□
問5	1	管理受託契約の性格	□□□
問6	1	清掃	□□□
問7	4	防犯	□□□
問8	2	賃料請求・明渡請求における法令遵守	□□□
問9	1	委託者への報告	□□□
問10	3	秘密を守る義務	□□□
問11	3	設計図、修繕計画	□□□
問12	2	原状回復	□□□
問13	3	原状回復	□□□
問14	1	屋上と外壁の管理	□□□
問15	2	結露・断熱対策	□□□
問16	3	シックハウス	□□□
問17	3	排水	□□□
問18	2	電気設備	□□□
問19	2	ガス設備	□□□
問20	2	賃料増減請求	□□□
問21	4	敷金	□□□
問22	1	会計	□□□
問23	1	共有物の賃貸	□□□
問24	3	必要費、有益費	□□□
問25	4	定期建物賃貸借	□□□

問題番号	正解	項目	Check
問26	2	定期建物賃貸借	□□□
問27	1	賃貸人の地位の移転	□□□
問28	2	保証	□□□
問29	3	管理業務の意味	□□□
問30	1	登録制度	□□□
問31	4	登録拒否事由	□□□
問32	4	登録制度（賃貸住宅管理業法の制定と概要）	□□□
問33	2	帳簿	□□□
問34	1	特定賃貸借契約の意味	□□□
問35	4	誇大広告等の禁止	□□□
問36	4	誇大広告等の禁止	□□□
問37	2	誇大広告等の禁止	□□□
問38	4	不当な勧誘等の禁止	□□□
問39	3	特定賃貸借の契約締結時書面	□□□
問40	4	特定賃貸借標準契約書	□□□
問41	4	特定転貸事業者等の監督	□□□
問42	2	空家対策	□□□
問43	3	業務管理者の選任	□□□
問44	4	水害対策	□□□
問45	1	おとり広告	□□□
問46	3	個人情報保護法	□□□
問47	3	死後事務委任	□□□
問48	2	所得税	□□□
問49	3	保険	□□□
問50	1	プロパティマネジメント	□□□

問1　管理受託契約重要事項説明

正解 1

1　**誤り。** 賃貸住宅管理業法は、賃貸住宅管理業者に対して、管理受託契約の**締結前**に、賃貸住宅の賃貸人に対して、**書面を交付したうえで**、**重要事項を説明すること**を義務づけている（法13条1項）。管理受託契約の委託者（賃貸人）になろうとする者から、「重要事項説明をしなくてもよい」といわれたとしても、重要事項説明の義務を免れない。

2　**正しい。重要事項説明書と契約締結時書面を兼ねて、一体のものとすることはできない。** 重要事項説明は契約前に行うものであり、契約締結時書面は契約後に交付するものであって、交付する時期がそれぞれ異なっている。

3　**正しい。** 重要事項説明の相手方である賃貸人（委託者）である**本人の意思により、委任状等をもって代理権を付与された者に対し、説明を行った場合は説明をしたものと認められる。** なお、賃貸住宅管理業者が相手方に対して働きかけて契約の相手方にその代理人を紹介して選任させた上、代理人に対して重要事項説明を行ったような例外的な場合には、賃貸住宅管理業者が説明をしたとは認められない（FAQ集3（2）No.8）。

4　**正しい。** 重要事項説明に代える**情報提供のための電磁的方法**としては、①電子メール等による方法（規則32条1項1号イ）、②ウェブサイトの閲覧等による方法（規則32条1項1号ロ）、③送信者側で備えた受信者ファイルを閲覧する方法（規則32条1項1号ハ）、④磁気ディスク等を交付する方法（規則32条1項2号）の4種類が認められている（法13条2項前段かっこ書、規則32条1項）。

✎ 類題 R5 問1（過去問題集p30参照）

基本テキスト
1編2章①・④
2編3章①

問2　管理受託契約重要事項説明（IT）

正解 4

1　**正しい。** 管理受託契約の締結前の重要事項説明は、所定の要件を満たせば、**テレビ会議等のITを活用して行うこと**が認められる。そして、説明者および重要事項説明を受けようとする者が、図面等の書類および説明の内容について十分に理解できる程度に映像を視認でき、かつ、双方が発する音声を十分に聞き取ることができるとともに、双方向でやりとりできる環境において実施していることが、そのための要件となっている（「解釈・運用の考え方」13条関係4（2））。

2　**正しい。** 肢1に同じ。

3　**正しい。** テレビ会議等を活用するためには、説明を受けようとする者が、重要事項説明書および添付書類を確認しながら説明を受けることができる状態にあることならびに映像および音声の状況について、**説明者が説明を開始する前に確認していることが求められる**（「解釈・運用の考え方」13条関係4（2））。確認をすべきタイミングは、説明開始前である。

4　**誤り。** 賃貸住宅管理業者の使用人その他の従業者は、業務を行うに際し、委託者その他の関係者から請求があったときは、従業者であることの証明書を提示しなければならないのであり（法17条2項）、重要事項説明をテレビ会議等のITを活用して行う場合には、テレビ会議等の画面を通して、請求を受けたときには説明者は従業者であることの証明書を提示しなければならないが、**テレビ会議等の画面を通した証明書の提示をすればよい。証明書の写しを事前に送付することは要しない。**

✎ 類題 R5 問3（過去問題集p40参照）

基本テキスト
1編2章③

問3 管理受託契約の契約締結時書面

1　正しい。賃貸住宅管理業者は、管理受託契約を締結したときは、委託者に対して、遅滞なく所定の事項を記載した書面（契約締結時書面）を交付することが義務づけられている（法14条1項）。

2　正しい。管理業務の実施方法は、契約締結時書面の記載事項である（法14条1項2号）。

3　誤り。委託者への報告に関する事項（法20条）は、契約締結時書面の記載事項である（法14条1項6号、規則35条2項5号）。

4　正しい。管理受託契約を締結するに際しては、多くの場合に契約書が作成されているが、この契約書に必要事項が記載されていれば、その契約書を契約締結時書面とすることが認められている（「解釈・運用の考え方」14条1項関係1）。

基本テキスト
1編3章①・②

問4 賃貸住宅標準管理受託契約書

1　正しい。「管理業者は、入居者から代理受領した敷金等を、頭書(6)に記載する振込先に振り込むことにより、速やかに、委託者に引き渡さなければならない」と定められている（賃貸住宅標準管理受託契約書7条1項）。

2　誤り。「委託者は、本物件の住宅総合保険、施設所有者賠償責任保険等の損害保険の加入状況を管理業者に通知しなければならない」と定められている（賃貸住宅標準管理受託契約書16条4項）。加入状況を通知することが義務づけられるのは、管理業者ではなく、委託者である。

3　正しい。「管理業者は、管理業務を行うため必要があるときは、住戸に立ち入ることができる」（賃貸住宅標準管理受託契約書17条1項）。ただし、「管理業者は、あらかじめその旨を本物件の入居者に通知し、その承諾を得なければならない」（同契約書17条2項本文）と定められている。なお、防災等の緊急を要するときは、入居者の承諾を得ずに住戸に立ち入ることが認められる（同契約書17条2項ただし書）。

4　正しい。管理業者は、「本物件について本契約を締結したときは、入居者に対し、遅滞なく、管理業務の内容・実施方法及び管理業者の連絡先を記載した書面又は電磁的方法により通知するものとする」（賃貸住宅標準管理受託契約書23条1項）。また、「本契約が終了したときは、委託者及び管理業者は、入居者に対し、遅滞なく、管理業者による本物件の管理業務が終了したことを通知しなければならない」（同契約書23条2項）と定められている。

基本テキスト
1編4章②

類題 R4 問3（過去問題集p50参照）

問5 管理受託契約の性格

1　適切。準委任は、委託者が法律行為でない事務（事実行為）を相手方に委託し、受託者がこれを承諾することによって成立する契約である（民法656条、643条）。建物設備の維持保全業務の委託は、委託者が事実行為を受託者に委託する契約だから、準委任である。

2　不適切。管理受託契約は、法律行為でない事務の委託を受ける準委任の性格をもつ。準委任には委任の規定が準用されるところ（民法656条）、委任（準委任）においては、**受託者が自らの判断によって事務処理を行うものであり、受託の事務は、委託者の指揮命令に従って行われるものではない**。

3　不適切。委任は、委任者が法律行為をすることを相手方に委託し、受任者がこれを承諾することによって、その効力を生ずる（民法643条）。**意思表示の合致のみで成立する諾成契約であり、書面で契約することは義務づけられていない**。

4　不適切。請負は、請負人が仕事を完成することを約し、注文者がその仕事の結果に対してその報酬を支払うことを約する契約である（民法632条）。ここでは**仕事の完成が目的**となっている。請負は事実行為を目的とする契約であり、法律行為を目的とする契約ではない。

✎ 類題 H30 問8（過去問題集p28参照）

📖 基本テキスト
1編1章❶①
1編1章❷①
1編1章❷②
1編1章❸

問6　清　掃

正解 **1**

1　**最も不適切**。床清掃については、月に1回または2か月に1回などの周期を定め、ポリシャーで洗浄する。床材がPタイル等の場合は、ポリシャー洗浄後にワックスを塗布するが、出入りの激しい場所では、**複数回のワックス塗りで層を厚くする必要がある**。

2　適切。カーペット洗浄では、カーペットの材質を見極め、**材質による洗剤の使い分けに注意して行わなければならない**。シミ抜きであれば、シミの原因を把握してシミ抜き剤を使用する。

3　適切。住戸に付属したガラスの清掃は入居者が行い、**エントランスホールの扉や窓は貸主が行う**。また、住戸に付属したガラスであっても、高層マンションの窓やはめごろしの窓は入居者が行うことはできないので、貸主が実施する。

4　適切。外壁や屋上に設けられている雨樋やドレン（排水口）は、落ち葉が入り込むと下階に雨水があふれてしまう。**特に台風のシーズンの前には**注意深く清掃を行わなければならない。

📖 基本テキスト
2編1章❶①

問7　防　犯

正解 **4**

1　適切。エレベーターのかご内の防犯対策として、エレベーターのかご内には、**防犯カメラを設置する**。また、エレベーターについては、ほかに非常時押しボタン等によりかご内から外部に連絡または吹鳴する装置を設置すること、かごおよび昇降路の出入口の戸に外部からかご内を見通せる窓を設置すること、照明設備の照度について50ルクス以上にすることなどが必要とされている。

2　適切。侵入犯は、侵入に長い時間（5分以上）かかると諦める傾向がある。**二重ロック、CP（Crime Prevention）錠、防犯用ガラスシール**を扉や窓に貼り付けるなどの対策が考えられる。

3　適切。共用玄関の照明設備の照度については、内側の床面において概ね**50ルクス以上**を

📖 基本テキスト
2編1章❶②

確保するものとされている。このほか、共用玄関関係では、共用玄関以外の共用出入口の照明設備の照度を20ルクス以上、共用出入口の周囲からの見通しの確保があげられている。

4　最も不適切。共用階段、共用廊下は、見通しを確保したうえで、照度は**20ルクス以上**とするものとされる。なお、共用メールコーナーは、共用玄関付近からの見通しを確保し、照度は50ルクス以上とすることが求められる。

✎ 類題 R3 問11（過去問題集p62参照）

問8　賃料請求・明渡請求における法令遵守

正解 **2**

1　不適切。契約書における「賃料を滞納した場合には、貸主あるいは管理業者は鍵を交換することができる」という条項は、**公序良俗に違反し無効である**（民法90条）。契約書に本肢のような条項があっても、借主に無断で鍵を交換するような行為は違法である。民法では不法行為に、刑法では器物損壊罪や建造物損壊罪などに該当する。

基本テキスト
2編1章❷①
2編1章❸②

2　最も適切。権利を有する者が、司法手続を経ることなく実力をもって権利を実現することを「**自力救済**」という。自力救済は、社会秩序に混乱を招くことになるため、法律上禁止されている。契約解除後も明渡しをしない借主が任意の明渡しをしない場合に強制的に立ち退かせるためには、**法的手続にのっとって強制執行の申立てを行い**、権利を実現しなければならない。貸主が借主に無断で鍵を交換して室内に立ち入ったときには損害賠償責任を負うことになる。

3　不適切。ドアの鍵部分にカバーをかけて、借主の入室を妨げることを「鍵ブロック」などと称して、賃料を支払わない借主に対する対処方法として実施されることがあるが、このような行為は**違法行為**である。管理業者だけではなく、これに関与した貸主も損害賠償責任を問われる。

4　不適切。借主が賃料を滞納したまま行方不明になったというような事情があり、また、貸室を整理する目的があったとしても、**借主の承諾なく貸室に入ることは違法である**。

✎ 類題 H30 問22（過去問題集p70参照）

問9　委託者への報告

正解 **1**

1　誤り。賃貸住宅管理業者は、委託者に対して、定期的に報告をしなければならない。定期報告の頻度は、**管理受託契約を締結した日から1年を超えない期間ごと**とされている（法20条、規則40条1項）。

基本テキスト
2編1章❹①
2編1章❹③

2　正しい。賃貸住宅管理業者は、**管理受託契約の期間の満了後にも**、遅滞なく報告をしなければならない（法20条、規則40条1項）。

3　正しい。委託者への定期報告は、**管理業務報告書をもって行うこと**が義務づけられている（規則40条1項）。

4　正しい。委託者への定期報告がなされないときには、**行政による監督処分**（業務改善命令、1年以内の業務停止、登録取消し）が行われる。なお、賃貸住宅管理業者が委託者への定期報告義務に違反することがあっても、定期報告義務違反については、罰則は定められていない。

問10 秘密を守る義務

正解 3

1　正しい。賃貸住宅管理業者には業務上取り扱ったことについて知り得た秘密を他に漏らしてはならない義務が課される（秘密を守る義務。法21条1項）。秘密を守る義務が課される従業者は、**賃貸住宅管理業者の指揮命令に服しその業務に従事する者**である。再委託契約に基づき管理業務の一部の再委託を受ける者等、賃貸住宅管理業者と直接の雇用関係にない者も含まれる（「解釈・運用の考え方」21条関係、FAQ集3（3）No.14）。

2　正しい。秘密を守る義務が課される従業者は、**賃貸住宅管理業者の指揮命令に服しその業務に従事する者**である。アルバイトも賃貸住宅管理業者の従業者として秘密を守る義務を負う者に含まれる。

3　誤り。会社の従業者が秘密を守る義務に違反し秘密を漏らしたときは、**違反行為をした者は、30万円以下の罰金に処せられ**（法44条7号）、加えて、**法人である賃貸住宅管理業者にも、罰金刑が科される**（法45条）。賃貸住宅管理業者と従業員の両方が刑罰に処せられる。

4　正しい。秘密を守る義務は**賃貸住宅管理業を営まなくなった後にも継続する**のであり、賃貸住宅管理業を廃業した後も、秘密を守る義務は消滅しない。

🖊 **類題** R4 問8（過去問題集p90参照）

基本テキスト
2編1章❺

問11 設計図、修繕計画

正解 3

1　適切。分譲住宅と比べて賃貸住宅の修繕状況は、**一般的に劣っている傾向がある**といわれている。

2　適切。設計図と竣工図の定義は本肢のとおり。竣工後の建物の管理のために重要性がより高いのは、工事実施前に作成した設計図ではなく、竣工時に作成した竣工図である。

3　最も不適切。設備の維持保全においては、法定耐用年数どおりに機器を交換することにとらわれず、**現場の劣化状況と収支状況を考え合わせ、予防的に交換・保守・修繕を行う**ことが求められる。

4　適切。正確な修繕履歴情報を整理して保存しておくことは、適切な修繕工事の実施に役立ち修繕工事を効率的に実施できることに加え、工事費用を低減する効果も期待することができる。さらに、履歴情報は物件の価格の評価においても重要な機能を果たすものである。

🖊 **類題** R2 問37（過去問題集p106参照）

基本テキスト
2編2章①
2編2章④

問12 原状回復

正解 2

1　不適切。借主の故意・過失等による損耗であっても、借主の負担については、原則として建物や設備等の経過年数を考慮し、年数が多いほど負担割合が減少することになる。

2　最も適切。不可抗力による損耗等や第三者のもたらした損耗等は、**貸主負担**である。例えば、震災等の不可抗力による損耗、上階の居住者の行為に起因する室内の損傷などは、借主負担ではなく、貸主負担である。

基本テキスト
2編3章②
2編3章③
2編3章④
2編3章⑥
2編3章⑦

3　不適切。ガイドラインでは、損耗の程度を考慮し、**借主の負担割合等についてより詳細に決定することも可能である**という考え方が示されている。

4　不適切。ガイドラインでは、民間賃貸住宅の賃貸借契約の内容について行政が規制することは適当ではなく、**ガイドラインの使用を強制されない**としている。原状回復の内容や方法等は、ガイドラインが参考にはなるものの、最終的には契約内容、物件の使用の状況等、個別の判断によって決定される。

✎ **類題** R3 問9（過去問題集p112参照）

問13 原状回復

正解 3

基本テキスト
2編3章④
2編3章⑤

1　不適切。借主の故意・過失、善管注意義務違反、その他通常の使用を超えるような使用による損耗等のいずれにも該当せず、**通常の使用によって生じる損耗等は、貸主の負担**となる。テレビや冷蔵庫などの後部壁面の黒ずみ（電気ヤケ）は、通常の使用によって生じるものであるため、借主負担ではなく貸主負担である。

2　不適切。借主の故意・過失、善管注意義務違反、その他通常の使用を超えるような使用による損耗等のいずれにも該当せず、次の入居者を確保する目的で行う設備の交換や化粧直し等のリフォームは、**貸主の負担となる経年変化および通常損耗の修繕に該当する。**

3　最も適切。ガスコンロ置き場、換気扇等に油汚れやすすが付着することは、**通常の使用によって生じる損耗等ではない**ため、貸主負担ではなく**借主負担**となる。

4　不適切。住宅におけるペットの飼育は一般的ではなく、ペットにより柱、クロス等にキズが付いたり、臭いが付着している場合は、**通常の使い方でない方法によって使用された**ものとして借主負担とされている。

✎ **類題** H30 問25（過去問題集p118参照）

問14 屋上と外壁の管理

正解 1

基本テキスト
2編5章②

1　正しい。陸屋根は、屋根の勾配がないか、または極めてゆるやかなので、風で運ばれた土砂が屋根の上に堆積したり、落ち葉やゴミが樋や排水口（ルーフドレーン）をふさいだりして屋上の防水面を破損し、また、漏水の原因になることがある。

2　誤り。傾斜屋根（カラーベスト等）では、夏の温度上昇、冬の温度低下の繰り返しにより、**素地自体の変形やゆがみ等を起こすことがあるが、これらの現象に起因して雨漏れが生じる**ことがある。また、ほかに、屋根表面にコケ・カビ等が発生したり、塗膜の劣化による色あせ・錆など美観の低下をもたらすことになる。おおむね、10年前後にて表面塗装を実施する必要がある。

3　誤り。コンクリート打ち放しの外壁では、**コンクリート自体の塩害・中性化・凍害・鉄筋発錆に伴う爆裂などが発生する可能性がある**ので点検が必要である。なお、仕上の外壁表面に発生した雨水の汚れやコケ・カビは、美観的にもよくないので除去するべきである。

4　誤り。タイル張りの外壁では原則として**竣工後10年ごとに全面打診または赤外線調査による**などの方法による調査、診断を行わなければならない。なお、有機系接着剤張り工法

による外壁タイルについては、一定の条件を満たす場合、引張接着試験により確認する方法によっても差し支えないことになっている（平成30年5月23日国住防第1号技術的助言）。

✎ 類題 R3 問16（過去問題集p168参照）

問15 結露・断熱対策

正解 **2**

基本テキスト
2編6章③

1 **適切。** 結露は、建物の内外や建物内の左右・上下で**隣接する部屋どうしの温度差・湿度差**によって、壁・床・天井・窓などの表面に水滴がつく現象である。風通しが悪いと季節を問わず発生する。

2 **最も不適切。** 断熱性能が高く、空調設備が設置されていると、建物の外と**温湿度差が生じる**ことから、結露が生じやすくなる。最近の共同住宅では結露しやすい環境にある。

3 **適切。** 壁の中に内部結露が発生し、カビが増殖することもある。内部結露が生じると、**建材の劣化が促進し、入居者の健康を害する可能性もある**ことから、防湿シートを壁の中に張り詰めて、通気層を設けた正しい位置に断熱材を取り付ける必要がある。

4 **適切。** 窓ガラスや壁・床の表面に結露することを**表面結露**という。過度に室内が加湿されたり、適切な換気がなされないと、表面結露が生じることがある。複層ガラスを用い、過度の加湿を避け、適度な換気を行うなどすることで抑制することができる。

問16 シックハウス

正解 **3**

基本テキスト
2編6章④

1 **不適切。** シックハウス症候群は、**化学物質が原因となって発生する健康被害**である。シックハウス症候群は、建材、家具、日用品等から発散するクロルピリホス、ホルムアルデヒドや揮発性有機化合物（VOC）等が原因と考えられている。

2 **不適切。** シックハウス対策のため、居室を有する建築物を建築する場合には、**クロルピリホスおよびホルムアルデヒドを含む建築材料の使用は制限される**（建築基準法28条の2第3号、施行令20条の5）。

3 **最も適切。** シックハウス対策の規定は、新築の際だけではなく、**中古住宅の増改築、大規模な修繕・模様替えを行う場合にも適用**になる。例えば換気設備に関しては、既存住宅の増築等の際にも機械換気設備（24時間換気設備）の設置が必要とされる（建築基準法施行令20条の8）。

4 **不適切。** ホルムアルデヒド等の化学物質は、建物内に持ち込まれた**家具**から発散されることもある。

✎ 類題 R4 問15（過去問題集p180参照）

問17 排水

正解 3

1　適切。排水・通気の目的は、**汚水、雑排水等の汚れた水を敷地の外へ速やかに排出**し、同時に排水管内の臭気を室内に拡散させないことである。

基本テキスト
2編7章③

2　適切。排水は、**汚水、雑排水、雨水**に分けられる。汚水はトイレの排水、雑排水は台所・浴室・洗面所・洗濯機等の排水、雨水は雨による水の流入に対する排水である。

3　最も不適切。公共下水道は、建物外部の下水道管の設置方法により、汚水、雑排水と雨水を同じ下水道管に合流して排水する**合流式**と、雨水用の下水道管を別に設けて排水する**分流式**がある。**地域によって、合流式が用いられる地域と分流式が用いられる地域がある。**

4　適切。排水の敷地外への排出については、地盤面より高い部分および横引き管の部分は**重力式流下**により排水され、地盤面より低い部分では雑排水槽や汚水槽を設けて、**水中ポンプで汲み上げる（ポンプアップ）方式**により排水される。

類題 R4 問18（過去問題集p200参照）

問18 電気設備

正解 2

1　適切。電力供給は、供給電圧によって「**低圧引込み**」「**高圧引込み**」「**特別高圧引込み**」の3種類がある。特別高圧引込み（および高圧引込み）では、建物内の一室を変圧器室として電力会社へ提供することも必要になる。

基本テキスト
2編8章

2　最も不適切。単相2線式は、2本の線を利用する方式であって、**100ボルトしか使用することができず**、200ボルトを供給することはできない。単相3線式であれば、3本の電線のうち真ん中の中性線以外の上と下の電圧線を利用することで、200ボルトを供給することができる。

3　適切。廊下や階段が開放され、外気と直接に接していると雨風にさらされることになり、**湿気による錆が生じる**などして電気設備の劣化の原因となることがある。

4　適切。本肢のとおりである。

問19 ガス設備

正解 2

1　不適切。液化石油ガス（LPガス）には都市ガスの**2倍以上の火力エネルギー**がある。なお、液化石油ガスは、LPガスまたはプロパンガスといわれることが多い。

基本テキスト
2編8章❷

2　最も適切。空気と比較したときには、**液化石油ガス（LPガス）のほうが重い**。

3　不適切。都市ガスは、6Aというタイプを除き、**空気より軽い**。重さを比較すると、都市ガス＜空気＜液化石油ガス（LPガス）となる。

4　不適切。都市ガスも液化石油ガスも、本来はいずれも無色・無臭だが、**後から臭いがつけられている**。ガス漏れがあったときに、臭いによって注意を喚起させるためである。

類題 H30 問30（過去問題集p210参照）

問20 賃料増減請求

正解 2

1　誤り。賃料増減請求については、**請求権を行使した時**（増額または減額を請求する通知が到達した時）**に、賃料増減の効力を生じる**。借地借家法には、建物の借賃が不相当となったときは、当事者は、**将来に向かって建物の借賃の額の増減を請求することができる**（借地借家法32条1項本文）と定められており、増減の効果は将来に向かうものであって、請求権行使の時点より前に遡らない。

2　正しい。建物の賃料の額の増減の請求に関する事件について訴えを提起しようとする者は、まず**調停の申立てをしなければならない**（民事調停法24条の2第1項）。調停の申立てをすることなく訴えを提起した場合には、受訴裁判所は、その事件を調停に付さなければならない（民事調停法24条の2第2項本文）。なお、受訴裁判所が事件を調停に付することを適当でないと認めるときは、受訴裁判所が事件を審理することができる（民事調停法24条の2第2項ただし書）。

3　誤り。定期建物賃貸借契約において、**一定の期間賃料を減額しない旨の特約**（不減額特約）**は有効**である。借地借家法には「第32条の規定は、第1項の規定による建物の賃貸借において、借賃の改定に係る特約がある場合には、適用しない」と定められており（借地借家法38条9項）、増額と減額のいずれについても、賃貸借契約の当事者は賃料増減請求権を行使することはできない。

4　誤り。普通建物賃貸借契約においては、**一定の期間賃料を減額しない旨の特約**（不減額特約）**は無効**である。借地借家法における「契約の条件にかかわらず、当事者は、将来に向かって建物の借賃の額の増減を請求することができる」との定め（借地借家法32条1項本文）がその条文上の根拠と考えられる。

基本テキスト
3編1章❷

✎ **類題** R3 問21（過去問題集p224参照）

問21 敷　金

正解 4

1　誤り。賃借人は、賃貸借契約が存続している間、賃料債務をもって**敷金との相殺を主張することはできない**。

2　誤り。敷金は、未払賃料、原状回復費用だけではなく、賃貸借終了後の賃料相当額の損害賠償債務なども含め、**賃貸借契約から生じる一切の債務を担保する**。

3　誤り。敷金は、明渡しを完了した時に、未払賃料など賃借人が支払わなくてはならないけれども、支払われていないものを差し引いて残額がある場合に、返還する金銭である（民法622条の2）。敷金の返還請求は、**明渡しが完了した後になしうる**のであって、明渡しとの関係でみれば、同時履行ではなく、後履行となる。

4　正しい。賃貸人の側からは、賃貸借契約の存続中に、賃料の不払いがあるときには、賃借人に対して、**敷金をもって充当することができる**。

基本テキスト
3編2章❶

✎ **類題** R1 問19（過去問題集p236参照）

問22 会 計

正解 1

1 **最も適切。**取引は借方と貸方に分解して仕訳し、勘定科目と金額を記載する。仕訳は、**複式簿記**の原則に従って**借方と貸方双方に同じ金額を記入する**ため、借方の勘定項目の合計と貸方の勘定項目の合計は常に金額が一致する。

基本テキスト
3編3章❶②

2 **不適切。**簿記の実務の流れは、①取引が行われる、②取引を伝票と帳簿に記入する、③決算整理前試算表を作成する、④決算整理をして、**決算整理後試算表を作成する**、⑤損益計算書・貸借対照表（財務諸表）を作成するという流れとなる（簿記一巡の手続き）。決算整理後試算表をとりまとめ、その後に損益計算書をつくることになる。

3 **不適切。**単式簿記は現金の出し入れという事実のみを帳簿に記入する方式である。企業の会計処理では単式簿記は用いられない。ひとつの取引を2か所に書き込む**複式簿記**が使われる。

4 **不適切。**複式簿記とはすべての取引を借方と貸方に分けて記載する。**借方の勘定項目は左側に、貸方の勘定項目は右側に記載する**のがルールとなっている。

問23 共有物の賃貸

正解 1

1 **誤り。**共有物を賃貸することが管理行為になる場合には、**持分価格の過半数**によって決めることになる（民法252条1項前段）。管理行為である賃貸の条件を決めるのは頭数の過半数ではなく、持分価格の過半数である。

基本テキスト
4編1章❶①

2 **正しい。**共有物を賃貸することが管理行為になる場合には持分価格の過半数によって決めることができるが、他方賃貸が管理行為の範囲を超えて**処分行為**となる場合には、**全員一致が必要である**（民法251条1項参照）。

3 **正しい。**民法には、賃貸が管理行為の範囲内か、範囲を超えるかについて、①〜④の範囲内であれば管理行為の範囲内として、持分価格の過半数によって決めることができると明記されている（民法252条4項）。
　①樹木の栽植または伐採を目的とする山林の賃借権等　10年
　②前号に掲げる賃借権等以外の土地の賃借権等　5年
　③建物の賃借権等　3年
　④動産の賃借権等　6か月
　これらの期間を超える場合には、全員の一致がなければ賃借権を設定することはできないが、これらの期間を超えない場合には、持分価格の過半数によって賃借権を設定することができる。

4 **正しい。**肢4に同じ。

類題 R5 問22（過去問題集p254参照）

問24 必要費、有益費

1　適切。必要費は、目的物を**使用に適する状態にしておくための費用**である。

2　適切。有益費は、目的物を**改良するために支出した費用**である。

3　**最も不適切。**必要費には、貸主が行うべき修繕を借主が代わりに行ったことで要した費用という意味がある。したがって、借主はこれを**直ちに貸主に対して請求できる。**

4　適切。有益費は、契約終了時に目的物の価値の増加が現存している場合には、**支出した費用**または**目的物の価値の増加額**のうちの賃貸人が選択した額（いずれか低いほうの額）を貸主に対して請求することができる。

✎ 類題 R3 問25（過去問題集p266参照）

基本テキスト
4編2章❶③
4編2章❶④

問25 定期建物賃貸借

1　正しい。定期建物賃貸借契約では、契約期間が満了すれば**必ず契約は終了する**ので更新することはない。

2　正しい。更新を否定する条項は、定期建物賃貸借契約として更新のない契約が肯定されるための要件である。

3　正しい。更新しない契約であることを説明する**書面による事前説明**は、更新のない契約であることが肯定されるための要件である。

4　誤り。定期建物賃貸借契約は、契約期間が満了すれば、更新されずに終了する契約である。**終期が決められていなければ、定期建物賃貸借にはならない。**

✎ 類題 R1 問13（過去問題集p310参照）

基本テキスト
4編4章①

問26 定期建物賃貸借

1　誤り。定期建物賃貸借契約には書面による事前説明が必要であるが、契約書には**期間を定めたうえで「更新がない」という記載があれば足りる**のであり、「契約の締結に先だって説明を受けた」ことの記載がなくても、定期建物賃貸借契約は有効に成立する。

2　正しい。事前説明は書面をもって行うことを要する。契約書に説明を受けた旨の記載があっても、事前説明のための説明書面とは認められない。**説明書面は、契約書とは別個独立の書面であることが必要である**（最判平成24.9.13）。

3　誤り。賃貸借契約の仲介を行う宅地建物取引業者であっても、貸主の代理または使者として事前説明を行うことができるが、**事前説明のための書面が不要になるものではない。**

4　誤り。たとえ借主から説明不要との申出があっても、**事前説明をしなければ定期建物賃貸借契約としての効力はない。**当初の契約だけではなく、再契約の場合でも同様である。

✎ 類題 R3 問26（過去問題集p306参照）

基本テキスト
4編4章②

1 **正しい。**建物の賃借人は賃借権を登記することができる。建物の賃貸の場合には、登記がなくても引渡しを受けていれば第三者に対抗できるが、**登記があれば、当然に建物の所有権を取得した第三者に賃借権を対抗することが可能である。**

　　ただし、賃借権が登記されることは稀であって、ほとんどの建物の賃借権は引渡しによって対抗力を取得している。

2 **誤り。**賃借人に対抗力がある場合、旧所有者と賃借人との賃貸借契約における賃貸人の地位は、建物を譲り受けた新しい所有者に**当然に承継され、**賃借人との賃貸借契約の当事者の関係に立つことになる。賃借人の地位の承継について、賃借人の承諾は不要である。

　　なお、新しい所有者は、旧賃貸人に預けられていた敷金についても賃借人に対して返還する義務を負う。

3 **誤り。**賃借人に対して賃料を請求するには、賃貸人から建物を譲り受けた**新しい所有者には登記が必要である。**

4 **誤り。賃借人が対抗力を備えていなければ、**賃貸人から建物を譲り受けた新しい所有者に対して賃借権を主張することができず、明渡しをせざるを得ない。賃借人が対抗力を備える場合については、肢1の解説の通り。

✎ **類題** R3 問28（過去問題集p330参照）

基本テキスト
4編6章1
4編6章2

1 **正しい。**保証債務には、附従性（主たる債務に対する従たる債務であるという特質）があり、保証債務が**主たる債務よりも内容が重くなることはない**（内容における附従性）。連帯保証には、補充性（催告の抗弁権と検索の抗弁権）はないが、附従性はある。

2 **誤り。**保証債務は、主たる債務に関する利息、違約金、損害賠償その他その**債務に従たるすべてのものを含む**（民法447条1項）。契約が解除された場合の賃料相当損害金等も、保証の対象である。

3 **正しい。**賃貸借の保証人は、**更新後の賃貸借から生ずる賃借人の債務についても責任を負う。**「賃貸借の期間が満了した後における保証責任について格別の定めがされていない場合であっても、反対の趣旨をうかがわせるような特段の事情のない限り、更新後の賃貸借から生ずる債務についても保証の責めを負う趣旨で保証契約をしたものと解するのが、当事者の通常の合理的意思に合致する」とされている（最判平成9.11.13）。

4 **正しい。**保証契約は、**書面でしなければ、その効力を生じない**（書面行為。民法446条2項）。法人が保証人となる場合であっても保証契約は書面行為である。

✎ **類題** H30 問14（過去問題集p342参照）

基本テキスト
4編7章1
4編7章2
4編7章3

1　誤り。賃貸人から委託を受けて、賃貸住宅の維持保全を行うことが管理業務である（法2条2項1号）。維持保全とは、**点検、清掃その他の維持**を行い、さらにこれに加えて、**必要な修繕を行うこと**を意味する。つまり、維持または保全（修繕）のいずれか一方だけしか行わない場合には、維持保全を行うことにはならず、管理業務にはあたらない（「解釈・運用の考え方」2条2項関係2）。

基本テキスト
5編1章❷2

2　誤り。**保全（修繕）のみを行い、維持を行わない場合**には、維持保全を行うことにはならず、管理業務にはあたらない（「解釈・運用の考え方」2条2項関係2）。

3　正しい。賃貸住宅の維持と保全（修繕）の両方を行うことが管理業務であるが、**維持保全に係る契約の締結の媒介、取次ぎまたは代理を行うことも、維持保全にあたる**（法2条2項1号かっこ書）。

4　誤り。賃貸住宅に係る家賃、敷金、共益費その他の**金銭の管理を行う業務**は、賃貸住宅の維持保全と**併せて行うものであれば管理業務に含まれる**が、併せて行うものでなければ、管理業務には含まれない（法2条2項2号かっこ書）。

✎ 類題 R3 問30（過去問題集p358参照）

1　誤り。賃貸住宅管理業法によって、国土交通大臣の登録を受けなければ、賃貸住宅管理業を営むことはできないものとされる（法3条1項本文）。ただし、**管理戸数が200戸未満であれば、登録は不要である**。管理戸数が200戸以上の場合には、国土交通大臣の登録を受けなければならないということになる（法3条1項ただし書、規則3条）。100戸を超えても200戸未満であれば、登録を受けずに業務を行うことができる。

基本テキスト
5編2章❶1
5編2章❶2

2　正しい。登録の有効期間は**5年**であり、5年ごとに登録の更新を受けなければ、期間の経過によって、登録の効力は失われる（法3条2項）。

3　正しい。賃貸住宅管理業者には、**業務管理者を選任する義務**がある（法12条1項）。複数の営業所または事務所がある場合には、それぞれの営業所または事務所ごとに、1名以上業務管理者を選任しなければならない。

4　正しい。賃貸住宅管理業者の登録は、法人の場合は**法人単位で行われる**。支社・支店ごとに登録を受けることはできない（FAQ集2（3）No.3）。法人単位で登録を受けたうえで、本店および賃貸住宅管理業を行う支社・支店など事務所の登録がなされる。

✎ 類題 R4 問34（過去問題集p368参照）

問31 登録拒否事由

1 **適切。**賃貸住宅管理業を営んでいないことは登録拒否事由ではない。**現に賃貸住宅管理業を営んでいなくても、登録を受けることができる。**ただし、登録から１年以内に業務を開始しないと登録が取り消される。なお、登録が拒否されることになる事由は、欠格事由ともいわれる。

基本テキスト
5編2章❶④

2 **適切。**登録を取り消され（法23条１項・２項）、**その取消しの日から５年を経過しない者**（登録を取り消された者が法人である場合にあっては、当該取消しの日前30日以内に当該法人の役員であった者で当該取消しの日から５年を経過しないものを含む）は、登録が拒否される（法６条１項３号）。

3 **適切。**禁錮以上の刑に処せられ、またはこの法律の規定により罰金の刑に処せられ、その執行を終わり、または執行を受けることがなくなった日から起算して**５年を経過しない者**は、登録が拒否される（法６条１項４号）。

4 **最も不適切。**破産手続開始の決定を受けて復権を得ない者については、登録は拒否される（法６条１項２号）。しかし、破産手続開始の決定を受けた後に**復権を得れば登録は拒否されない。**

問32 登録制度（賃貸住宅管理業法の制定と概要）

1 **不適切。**住宅ストック総数（5,361万6,000戸）に占める賃貸住宅は、1,906万5,000戸（35.6％）で、社会的に重要な住生活の基盤を形成している（平成30年住宅・土地統計調査）。さらに、民間主体が保有する賃貸住宅のストック数は増加傾向にあり、平成30年時点では住宅ストック総数（約5,360万戸）の４分の１強（28.5％：1,530万戸）を占めている。

基本テキスト
5編1章❶①
5編1章❶②

2 **不適切。**近年、管理業務を自ら全て実施する者が減少し（平成４年度75％、令和元年度18.5％）、管理会社に**業務を委託する賃貸住宅の所有者が増加している**（平成４年25％、令和元年81.5％）（平成４年度「貸家市場実態調査」（住宅金融公庫）、令和元年12月「賃貸住宅管理業務に関するアンケート調査」（国土交通省））。

3 **不適切。**賃貸住宅管理業法は、賃貸住宅管理業を営む者についての登録制度を設け、サブリース事業を規制する法律である。賃貸住宅管理業者の登録制度（法３条～27条）、およびサブリース事業における業務の適正化を図る制度（法28条～36条）から成る。賃貸住宅管理業を営むには登録を要するものであって、**特定転貸事業者でも、賃貸住宅管理業を営む場合には、賃貸住宅管理業の登録を受けなければならない。**

4 **適切。**管理業法では、特定転貸事業者（サブリース事業者）に対して、行政処分がなされ、罰則が科されることによって、事業の適正化が図られる。加えて、**特定賃貸借契約（マスターリース契約）の勧誘者**についても、誇大広告等の禁止（法28条）、および不当な勧誘等の禁止（法29条）が義務づけられている。管理業法の適用対象は特定転貸事業者に限定されない。

類題 R4 問29（過去問題集p350参照）

問33 帳簿

1　誤り。賃貸住宅管理業者は、**営業所または事務所ごとに**、業務に関する帳簿を備え付け、管理受託契約について契約年月日その他所定の事項を記載し、これを保存しなければならない（法18条、規則38条1項）。帳簿の備え付け、保存は、営業所または事務所ごとでなければならない。なお、帳簿は委託者ごとに分かれていることが必要である。

2　正しい。帳簿の記載事項が、**電子計算機に備えられたファイルまたは磁気ディスク等に記録され、必要に応じて**賃貸住宅管理業者の営業所または事務所において電子計算機その他の機器を用いて**明確に紙面に表示される**ときは、その記録をもって帳簿への記載に代えることができる（規則38条2項）。

3　誤り。管理業務に対する報酬の額は、帳簿の記載事項である（規則38条1項5号）。そして、この場合に記載すべき報酬の額には、**賃貸住宅管理業者が一時的に支払い、後にその費用の支払いを賃貸人から受ける管理業務に要する費用等**（業務を実施するのに伴い必要となる水道光熱費、業務の実施のために要した賃貸住宅に設置・配置する備品その他賃貸住宅を事業の用に供するために必要な物品等の購入に要した費用）が含まれるものとされている（「解釈・運用の考え方」18条関係（3））。

4　誤り。賃貸住宅管理業者は、帳簿（電子計算機に備えられたファイルまたは磁気ディスク等を含む）を各事業年度の末日をもって閉鎖し、**閉鎖後5年間、保存しなければならない**（規則38条3項）。保存期間は20年ではなく、5年である。

基本テキスト
5編2章❼①
5編2章❼②

問34 特定賃貸借契約の意味

1　正しい。特定賃貸借契約とは、**賃貸人と賃借人との間で締結される賃貸住宅の賃貸借契約**であって、賃借人がその賃貸住宅を第三者に転貸する事業を営むことを目的として締結されるものである（法2条4項）。いわゆるマスターリース契約が、賃貸住宅管理業法では「特定賃貸借契約」と定義づけられている。

2　誤り。マスターリース契約のうち、**賃借人が賃貸人と密接な関係があり、そのためにマスターリース契約における賃貸人の保護を与える必要がないと考えられる場合**には、マスターリース契約であっても特定賃貸借契約にはあたらない。つまり、賃貸人が個人、賃借人が賃貸人の親族である場合、特定賃貸借契約から除外される（法2条4項かっこ書、規則2条1号イ）。なお、賃貸人が会社、賃借人が賃貸人の親会社や子会社などである賃貸借についても、特定賃貸借契約から除外される（法2条4項かっこ書、規則2条2号イ・ロ）。

3　誤り。第三者に転貸する事業を営むことを目的としてなされるものでなければ、特定賃貸借契約にはあたらない。個人が賃借した賃貸住宅について、事情により、一時的に第三者に転貸する場合は、特定賃貸借契約ではない（「解釈・運用の考え方」2条4項関係1）。1年間の海外留学期間中、第三者に転貸することは、一時的な第三者への転貸とみることができる。

4　誤り。**再転貸によって賃貸住宅を第三者（入居者）に使用させる場合**には、賃借人（転貸人）と転借人（再転貸人）の間の賃貸借契約は、特定賃貸借契約に該当する。

基本テキスト
5編3章❶②

✎ 類題 R4 問35（過去問題集p360参照）

1　正しい。誇大広告等が禁止される**広告の媒体に限定はない**。新聞の折込チラシ、配布用のチラシ、新聞、雑誌、テレビ、ラジオまたはインターネットのホームページ等、いずれの媒体においても、誇大広告は禁止される（「解釈・運用の考え方」28条関係2、サブリースガイドライン4（2））。

基本テキスト
5編3章❷①
5編3章❶③

2　正しい。**特定転貸事業者の営業所等の行う広告においても、誇大広告等は禁止される**（サブリースガイドライン4（2））。

3　正しい。広告表示が実際のものよりも著しく優良であり、もしくは有利であると人を誤認させるものに該当するかどうかは、専門的知識や情報を有していない者を誤認させる程度か否かについて、広告に記載された一つひとつの文言等のみでなく、**表示内容全体から受ける印象・認識により総合的に判断される**（「解釈・運用の考え方」28条関係5）。

4　誤り。特定転貸事業者だけではなく、**勧誘者**も誇大広告等の禁止の対象者になる（法28条）。

🖉 類題 R4 問36（過去問題集p388参照）

1　正しい。特定転貸事業者等は、誇大広告等を行うことが禁止される。誇大広告等とは、**著しく事実に相違する表示**をし（虚偽広告）、または実際のものよりも著しく優良であり、もしくは有利であると人を誤認させるような表示（誇大広告）である（法28条）。

基本テキスト
5編3章❷①
5編3章❷④
5編3章❷⑤

2　正しい。**著しく事実に相違する表示**（虚偽広告）は、誇大広告等のひとつとして禁止される（法28条）。

3　正しい。誇大広告等として禁止される事項は、次のとおりである（法28条、規則42条1号～4号）。
　①　特定賃貸借契約の相手方に支払う家賃の額、支払期日および支払方法等の賃貸の条件ならびにその変更に関する事項
　②　**賃貸住宅の維持保全の実施方法**
　③　賃貸住宅の維持保全に要する費用の分担に関する事項
　④　特定賃貸借契約の解除に関する事項

4　誤り。事実の相違が著しいかどうかは、単に事実と表示との相違の度合いの大きさだけで判断されるのではない（「解釈・運用の考え方」28条関係4）。
　虚偽広告については、著しく事実に相違する表示がされたときには、誇大広告等となる。ここでいう「事実の相違が著しい」とは、特定賃貸借契約の相手方となろうとする者が、広告に記載されていることと**事実との相違を知っていれば、通常その特定賃貸借契約に誘引されないと判断される程度**であることをいう。

🖉 類題 R5 問34（過去問題集p386参照）

問37 誇大広告等の禁止

1　正しい。体験談とは異なる賃貸住宅経営の実績とされている事例が一定数存在する場合等には、「個人の感想です。経営実績を保証するものではありません」といった**打消し表示**が明瞭に記載されていたとしても、**誇大広告等になる可能性がある**（サブリースガイドライン4（4））。

基本テキスト
5編3章❷②・③

2　誤り。広告表現において強調表示が禁止されるわけではない。しかしながら、強調表示は、無条件、無制約に当てはまるものと賃貸人に受け止められるため、取引条件の有利さに例外などがあるときは、**強調表示を行う場合には、分かりやすく適切に、取引条件の有利さを打ち消す表示（打消し表示）を行わなければならない**というのが、誇大広告等の禁止のルールの内容である（サブリースガイドライン4（4））。

3　正しい。強調表示が賃貸住宅管理業法で禁止する誇大広告等に該当するかどうかについては、賃貸人となろうとする者が**実際に目にする状況において適切と考えられる文字の大きさ**で表示されているかどうかなどを検討して判断される（サブリースガイドライン4（4））。

4　正しい。定期的な見直しがあること等のリスク情報は、強調表示に対する打消し表示であり、これを隣接する箇所に表示せず、**離れた箇所に表示しているような場合**には、誇大広告等の禁止に違反する（サブリースガイドライン4（4））。

問38 不当な勧誘等の禁止

1　正しい。特定賃貸借契約の勧誘にあたって、サブリース事業のメリットのみを伝え、将来の家賃が減額になるリスクがあること、契約期間中であっても特定転貸事業者から契約解除の可能性があること、借地借家法により賃貸人からの解約には正当事由が必要であること、賃貸人の維持保全、原状回復、大規模修繕等の費用負担があること等のデメリットを**あえて伝えない行為**は、不当な勧誘等に該当する（サブリースガイドライン5（6）①）。

基本テキスト
5編3章❸①
5編3章❸②

2　正しい。事実不告知または不実告知があれば、**特定賃貸借契約が締結されなかったとしても、不当な勧誘等の禁止に対する違反となる**（サブリースガイドライン5（2））。

3　正しい。特定賃貸借契約が締結された後に、**解除を妨げるため、相手方に不実のことを告げる行為**は、不当な勧誘等にあたる（法29条1号）。契約締結後に、相手方（賃貸人）の契約を解除する意思を翻させたり、断念させたりしようとすること、契約の解除の期限を徒過するよう仕向けることは、不当な勧誘等として違法である（サブリースガイドライン5（3））。

4　誤り。不当な勧誘等として禁止されるのは、故意に事実を告げず、または不実のことを告げる行為である。不実のことを告げること以外に、**故意に事実を告げないことも不当な勧誘等として禁止される**（法29条1号）。積極的な行為を行わなくても、不当な勧誘等の禁止に違反することがある。

類題 R5 問35（過去問題集p392参照）

特定賃貸借の契約締結時書面

1　**正しい。**サブリース業者（特定転貸事業者）には、マスターリース契約（特定賃貸借契約）を締結したときには、遅滞なく**契約の相手方（賃貸住宅の賃貸人）に対して書面を交付すること**が義務づけられている（契約締結時書面。法31条1項）。

基本テキスト
5編3章❺①

2　**正しい。**マスターリース契約を締結するに際しては、一般に契約書が作成されるが、**マスターリース契約書に必要事項が記載されていれば、その契約書を契約締結時書面とすること**ができるとされている（「解釈・運用の考え方」31条1項関係1、サブリースガイドライン7（2））。

3　**誤り。**変更契約を締結する際にも、契約締結時書面を交付しなければならない。**賃料以外の条項に変更がない場合も交付する必要がある。**なお、契約の同一性を保ったままでの契約期間のみの延長や、組織運営に変更のない商号または名称等の変更等の形式的な変更をする場合には、契約締結時書面の交付は不要である（「解釈・運用の考え方」31条1項関係2）。

4　**正しい。**特定転貸事業者が賃貸住宅の維持保全について賃貸人から受託する場合には、**特定賃貸借契約書と維持保全の管理受託契約書を兼ねることが認められる。**

類題 R4 問38（過去問題集p410参照）

特定賃貸借標準契約書

1　**正しい。**特定賃貸借標準契約書には「甲（貸主）は、乙（借主）が**管理業務を行うために必要な情報を提供しなければならない**」と定められている（特定賃貸借標準契約書10条5項）。

基本テキスト
5編3章❻④
5編3章❻⑦

2　**正しい。**「乙は、頭書（6）に記載する維持保全を行わなければならない」（特定賃貸借標準契約書10条1項）、「乙は、頭書（6）に記載する業務の一部を、頭書（6）に従って、**他の者に再委託することができる**」（同契約書10条2項）と定められており、清掃業務について頭書（6）に記載すれば、第三者に再委託することができる。

3　**正しい。**「乙は、甲と合意に基づき定めた期日に、甲と合意した頻度に基づき定期に、甲に対し、**維持保全の実施状況の報告をするものとする**」と定められるが（特定賃貸借標準契約書13条1項前段）、加えて「前項の規定による報告のほか、甲は、必要があると認めるときは、乙に対し、維持保全の実施状況に関して報告を求めることができる」とされている（同契約書13条2項）。借主は、建物の維持保全の実施状況について、貸主と合意した頻度で報告の期日を定めた場合であっても、それ以外の時期に貸主から求められたときには、実施状況について報告する必要がある。

4　**誤り。**特定賃貸借標準契約書に特約を付して契約締結を行うことも可能である。国土交通省の作成したFAQには、「借地借家法第28条の正当事由が少なくとも必要である旨を記載し説明するのであれば、貸主から借主に対して、解約の申入れをすることにより、**契約期間中に契約を解約することができることができる「中途解約条項」を追記することは可能**です」と説明されている（FAQ集4（5）No.11）。

類題 R5 問39（過去問題集p414参照）

問41 特定転貸事業者等の監督

1　**誤り。**何人も、特定賃貸借契約の適正化を図るため必要があると認めるときは、国土交通大臣に対し、その旨を申し出て、**適当な措置をとるべきことを求めることができる**（法35条1項）。国土交通大臣に対し、適当な措置をとるべきことを求めることができるのは、特定賃貸借契約（マスターリース契約）を締結している者に限られない。

2　**誤り。**国土交通大臣は、勧誘者が、誇大広告等の禁止（法28条）、または不当な勧誘等の禁止（法29条）の規定に違反した場合には、**勧誘者に対する監督処分に加え、特定転貸事業者に対し、特定賃貸借契約の締結について勧誘を行い、もしくは勧誘者に勧誘を行わせることを停止し、または行う業務の全部もしくは一部を停止すべきことを命ずることができる**（法34条1項）。業務停止の期間は1年以内である。

3　**誤り。**特定転貸事業者が誇大広告等の禁止または不当な勧誘等の禁止の規定に違反した場合には、**業務停止となるのは特定転貸事業者であり、**勧誘者が業務停止の対象となることはない。

4　**正しい。**国土交通大臣は、特定転貸事業者（サブリース業者）に対する指示（法33条1項）をしたときは、**その旨を公表しなければならない**（法33条3項）。

✎ 類題 R3 問41（過去問題集p428参照）

基本テキスト
5編3章❽①
5編3章❽③
5編3章❽④

問42 空家対策

1　**適切。**2021（令和3）年3月19日に閣議決定された住生活基本計画において、**空家の状況に応じた適切な管理・除却・利活用の一体的推進が目標のひとつとされている**（目標7）。わが国の住政策において、空家の管理、利活用を図りつつ、適切に除去することがひとつの目標とされている。

2　**最も不適切。**空家が増える一方で、住宅に困窮する社会的弱者（住宅確保要配慮者）が増加していることから、空家対策として住宅セーフティネット法に基づく住宅セーフティネット制度が設けられている。この制度の中では、**住宅確保要配慮者の入居を拒まない住宅を登録し、これを公示する**ものとされている。本肢では、住宅確保要配慮者の入居を拒むことができる住宅を提供するための仕組みと記述されており、この点が不適切である。

3　**適切。**空家対策法は、令和5年に改正され（同年12月施行）、**空家等活用促進区域、財産管理人による所有者不在の空家の処分、支援法人制度などの仕組みが設けられた。**また、空家の状態の把握、代執行の円滑化、財産管理人による空家の管理・処分（管理不全空家、特定空家等）など、特定空家の除却等を推進する方策も採用されている。

4　**適切。**住宅の敷地には特例が適用され、土地の固定資産税が軽減（住宅用地特例）されるが、平成26年11月に空家対策法（空家等対策の推進に関する特別措置法）が制定され、**特定空家等に指定されることによる固定資産税軽減措置の適用排除が定められている。**令和5年12月に改正された空家対策法では、特定空家に加え、管理不全空家（特定空家になる恐れがある空家）についても、固定資産税の軽減措置の適用が排除されるものとされている。

✎ 類題 R5 問48（過去問題集p432参照）

基本テキスト
6編1章❶②
6編1章❶③
6編1章❶⑤

1　誤り。営業所または事務所ごとに業務管理者を確実に選任できることが登録の要件である。業務管理者を確実に選任すると認められない者については、登録が拒否される（法6条1項11号）。なお、申請時に業務管理者が選任されていることは求められていない。

2　誤り。賃貸住宅管理業者は、その営業所もしくは事務所の業務管理者として選任した者の全てが登録の欠格要件（法6条1項1号〜7号）に該当し、または選任した者の全てが欠けるに至ったときは、新たに業務管理者を選任するまでの間は、その営業所または事務所において管理受託契約を締結してはならない（法12条2項）。しかし、業務管理者がいない状態になった場合に禁止されるのは管理受託契約の締結であって、それ以外の管理業務は禁止されるものではない。

3　正しい。業務管理者は、他の営業所または事務所の業務管理者となることができない（法12条3項）。業務管理者となる資格を有している場合であっても、その者が複数の営業所（事務所）の業務管理者を兼務することは認められない。

4　誤り。賃貸住宅管理業者は、その営業所または事務所ごとに、業務管理者を選任して、管理受託契約の内容の明確性その他の賃貸住宅の入居者の居住の安定および賃貸住宅の賃貸に係る事業の円滑な実施を確保するため必要な事項についての管理および監督に関する事務を行う者である（法12条1項）。重要事項説明などの業務を直接に行わせるのではなく、管理、監督するのが業務管理者の業務である。本肢については、賃貸住宅管理業者が業務管理者に顧客への重要事項説明を行わせなければならないという点が誤っている。

✎ 類題 R5 問27（過去問題集p372参照）

1　正しい。洪水浸水想定区域は、想定最大規模降雨により河川が氾濫した場合に浸水が想定される区域が指定を受ける（水防法14条1項・2項）。近年わが国では、自然災害が多発していることから、洪水浸水想定区域の指定は、重要な水害対策の仕組みとして注目されている。

2　正しい。洪水浸水想定区域は、国土交通大臣または都道府県知事によって指定される（水防法14条1項・2項）。洪水浸水想定区域に指定された場合、市町村地域防災計画が定められる。この計画に定められた事項は、住民、滞在者その他の者に周知させる必要があることから、市町村の長によって図面が作成され、提供される（水防法15条3項、施行規則11条1号）。市町村の長が提供する図面が水害ハザードマップといわれる。

3　正しい。水害ハザードマップに宅地または建物の位置が表示されているときは、宅建業者は、売買仲介の重要事項説明において、図面における宅地または建物の所在地を説明しなければならない（宅建業法35条1項14号、施行規則16条の4の3第3号の2）。

4　誤り。宅建業者は、売買仲介だけではなく、賃貸仲介における重要事項説明においても、水害ハザードマップの図面における宅地または建物の所在地を説明しなければならない（宅建業法35条1項14号、施行規則16条の4の3第3号の2）。

問45 おとり広告

1 適切。賃貸する意思のない物件や賃貸することのできない物件について広告を行うことを、おとり広告という。いったんインターネットで広告を行って募集した物件について成約にまで至りながら、速やかに広告表示を削除せず、広告の掲載を続けることは、おとり広告となる。

2 不適切。おとり広告には、物件が実在しても、**実際には取引する意思のない物件を広告することが含まれる**。広告を行う物件について、賃貸する意思がないならば、広告における表示内容が事実に基づくものであったとしても、おとり広告である。

3 不適切。**おとり広告は、宅建業法に違反する**。宅建業法は、宅建業者が広告をするときは、①著しく事実に相違する表示、および、②実際のものよりも著しく優良もしくは有利であると人を誤認させるような表示をしてはならないものとしている（宅建業法32条）。この規律が誇大広告等の禁止である。おとり広告は、誇大広告等の禁止に抵触する行為であり、宅建業法違反である（同法32条）。なお、おとり広告は、不動産に関する公正競争規約においても禁止されている。

4 不適切。実際には存在しない物件を広告することを虚偽広告という。対象物件の賃料や価格、面積または間取りを改ざんすること等、実際には存在しない物件を広告することは「虚偽広告」に該当するのであり（国土交通省不動産・建設経済局不動産業課長、国不動指第30号令和2年11月10日）、実際に存在する他の物件情報をもとにしていても、宅建業法第32条に違反する虚偽広告となる。

類題 R3 問44（過去問題集p464参照）

基本テキスト
6編3章

問46 個人情報保護法

1 不適切。個人情報を取り扱うには、利用目的をできる限り特定しなければならない（個人情報保護法17条1項）。利用目的の特定については、**利用目的を「当社の提供するサービスの向上」とするだけでは、特定されたとはいえない**。

2 不適切。個人情報の取扱いについての利用目的を、**本人の承諾を得ないで変更することは可能**である。ただし、利用目的を変更する場合には、変更前の利用目的と関連性を有すると合理的に認められる範囲内であることが必要とされる（個人情報保護法17条2項）。
　また、利用目的を変更した場合は、変更された利用目的について本人に通知し、または公表しなければならない（同法21条3項）。

3 最も適切。個人情報を取得した場合は、**その利用目的を本人に通知し、または公表しなければならない**。あらかじめその利用目的を公表している場合は、通知・公表の義務はない（個人情報保護法21条1項）。

4 不適切。利用目的の達成に必要な範囲内における個人データの取扱いの委託は、禁止される第三者提供にあたらない（個人情報保護法25条）。

類題 R2 問3（過去問題集p488参照）

基本テキスト
6編4章❸③
6編4章❸⑥

問47 死後事務委任

1　適切。モデル契約条項では、受任者に対して、**合意解除の代理権を授与するもの**とされている。

基本テキスト
2編1章❸⑤

2　適切。モデル契約条項では、受任者に対して、合意解除の代理権に加え、解除の意思表示を受ける代理権を授与するものとされている。

3　最も不適切。モデル契約条項においては、**賃借人の推定相続人、居住支援法人、管理業者等の第三者**（推定相続人を受任者とすることが困難な場合）が受任者になることが想定されており、賃貸人は賃借人と利益相反の関係にあるため、受任者とすることは避けるべきであるとされている。

4　適切。受任者の選定の順序は、①賃借人の推定相続人、②居住支援法人・居住支援を行う社会福祉法人、③賃貸住宅の管理業者である。第3番目の順位として、受任者として選択することが認められている。

問48 所得税

1　正しい。不動産に関する所得税は、不動産所得に対して課される。不動産所得の金額は、不動産の収入（収益）から費用（必要経費）を差し引いて算出する。

基本テキスト
6編5章❶①

2　誤り。不動産所得の計算上、税金については必要経費に含めることができるものとできないものがある。所得税と住民税は必要経費に含めることができないが、**事業税は必要経費に含めることができる。**

3　正しい。給与所得者は、年末調整により給与所得に対する税額が確定するので、通常は確定申告をする必要はないが、不動産所得がある場合には**確定申告においてその税額を計算のうえ申告をし、納付しなければならない。**

4　正しい。**修繕費は必要経費または償却資産の取得価格になる。**日常的な経費であればその年の経費とし、資産の価値を増加させる支出であれば資本的支出であって、資産の取得価格に含めることになる。

問49 保　険

1　不適切。事業を行うには多くのリスク（危険）を伴うが、リスクへの対応の考え方には、回避と転嫁がある。「回避」とはリスクを生み出す行動を行わないこと、「転嫁」とは危険を軽減または分散することである。**保険は、後者の危険を軽減または分散するための手段であり、リスクを回避するための方策ではない。**

基本テキスト
6編5章❷①
6編5章❷③

2　不適切。保険は、保険会社の商品によって特性が異なり、補てんの対象と限度も異なっている。

3　最も適切。保険業法によって、**生命保険が第1分野**、**損害保険が第2分野**とされている。なお、人のけがや病気などに備える傷害・医療保険などが第3分野とされている。

4　不適切。火災や風水害などによる損害を補てんする**火災保険**と、地震や噴火またはこれらによる津波によって建物や家財に損害が発生した場合にその損害を補償する**地震保険**をあわせて、「すまいの保険」と呼んでいる。

類題 R3 問49（過去問題集p520参照）

問50　プロパティマネジメント

基本テキスト
6編6章⑤

1　最も不適切。プロパティマネジメント会社が、**アセットマネージャーから業務を受託して建物の管理を行う**。プロパティマネージャーが、アセットマネジメント会社に業務を委託するのではない。

2　適切。アセットマネージャーがプロパティマネジメント会社を選定して、プロパティマネジメント会社が建物の実際の管理を行うのが不動産証券化の仕組みである。

3　適切。プロパティマネジメント会社はアセットマネージャーからの委託によって業務を行うのであり、プロパティマネジメント会社がアセットマネージャーに対して**自らの業務を適切に行っていることについての説明責任を負う**という関係になる。

4　適切。プロパティマネジメント会社からの建物の管理に関する情報に基づいて**アセットマネージャーが投資判断を行う**。プロパティマネジメント会社は、自らが投資判断を行うのではなく、アセットマネージャーに投資判断のための情報を提供するという役割を担う。

類題 R2 問45（過去問題集p530参照）

第2回 ベーシック編
解答・解説

第2回　ベーシック編　【正解番号・項目一覧】

＊正解した問題にはCheck欄に「✔」印を付けておきましょう。

問題番号	正解	項目	Check
問1	4	管理受託契約重要事項説明（IT）	
問2	1	所有者交替の場合の管理受託契約の取扱い	
問3	4	賃貸住宅標準管理受託契約書	
問4	2	委任	
問5	1	請負	
問6	2	自力救済	
問7	1	委託者への報告	
問8	1	水道の検査	
問9	1	計画修繕の報告書	
問10	4	原状回復	
問11	3	原状回復	
問12	4	アスベスト（石綿）	
問13	1	鍵	
問14	4	自動火災報知設備等	
問15	1	構造と工法	
問16	4	外壁の劣化	
問17	2	給水	
問18	2	排水	
問19	3	ガス設備	
問20	3	賃料の支払い	
問21	2	賃料増減請求	
問22	2	会計	
問23	3	契約期間	
問24	1	造作買取請求	
問25	3	修繕	

問題番号	正解	項目	Check
問26	4	定期建物賃貸借	
問27	4	賃貸借と抵当権	
問28	3	保証	
問29	1	賃貸住宅の意味	
問30	4	管理業務の意味	
問31	2	登録制度	
問32	2	登録制度	
問33	3	再委託の禁止	
問34	3	従業者証明書	
問35	3	勧誘者	
問36	4	誇大広告等の禁止	
問37	3	不当な勧誘等の禁止	
問38	2	特定賃貸借契約重要事項説明	
問39	2	特定賃貸借標準契約書	
問40	4	業務状況調書等の備置き、閲覧	
問41	1	特定転貸事業者等の監督	
問42	3	住宅・土地統計調査	
問43	1	業務管理者の選任、職務	
問44	2	建築物省エネ法による表示制度	
問45	1	個人情報保護法	
問46	4	障害者差別解消法	
問47	2	死後事務委任	
問48	1	消費者契約法（家賃債務保証業社）	
問49	4	減価償却	
問50	1	保険	

1 正しい。電磁的方法による情報提供をするためには、相手方がこれを確実に受け取れるような手順が必要になる。そのために、**情報提供をするための電磁的方法**（送信者等が電子メール、WEBでのダウンロード、CD-ROM等のうち、どの方法を使うか）、および**ファイルへの記録の方式**（使用ソフトウェアの形式やバージョン等）を相手方に示すことが必要となる（令2条1項、規則33条、34条、「解釈・運用の考え方」13条関係4（1））。

2 正しい。管理受託契約の相手方となろうとする者からの承諾は、**書面**、または電子情報処理組織を使用する方法その他の情報通信の技術を利用する方法によって得るものとされている。**書面によって承諾を得ることも可能である**（令2条1項）。

3 正しい。相手方からの承諾については、書面によるほか、電子メール、WEBでのダウンロード、CD-ROM等**相手方が承諾したことが記録に残る方法で承諾を得ることが必要とされる**（「解釈・運用の考え方」13条関係4（1））。

4 誤り。賃貸住宅管理業者は、書面の交付に代えて、管理業務を委託しようとする賃貸住宅の賃貸人の承諾を得て、書面に記載すべき事項を電磁的方法により提供することができる（法13条2項前段）。書面の交付に代えて用いる電磁的方法については、**受信者が受信者ファイルへの記録を出力することにより書面を作成できるものでなければならない**（規則32条2項1号）。

✎ **類題** R4 問2（過去問題集p42参照）

1 最も適切ではない。管理受託契約において委託者の地位承継にかかる特約が定められていないときには、賃貸住宅が譲渡された場合には、**管理受託契約は賃貸住宅の譲受人に当然には承継されない**。ただし、賃貸住宅の**譲受人の承諾があれば**、管理受託契約は賃貸住宅の譲受人に承継される。

2 適切。管理受託契約期間中にオーナーチェンジによって管理受託契約の相手方である賃貸人が変更した場合には、従前と同一の内容で契約が承継される場合でも、賃貸住宅管理業者は、賃貸人の地位の移転を認識したときには、**遅滞なく、新たな賃貸人に契約の内容が分かる書類を交付することが望ましい**（「解釈・運用の考え方」13条関係3、FAQ集3(2)No.16）。

3 適切。管理受託契約において委託者の地位承継にかかる特約が定められておらず、管理受託契約が承継されない場合、新たな賃貸人との管理委託契約は**新たな契約となるため**、賃貸住宅管理業者は、**新たな賃貸人に管理受託契約重要事項説明および管理受託契約締結時書面の交付を行わなければならない**（「解釈・運用の考え方」13条関係3、FAQ集3(2)No.16）。

4 適切。管理受託契約期間中に相続によって管理受託契約の相手方である賃貸人が変更した場合には、従前と同一の内容で契約が承継される場合でも、賃貸住宅管理業者は、賃貸人の地位の移転を認識したときには、**遅滞なく、新たな賃貸人に契約の内容が分かる書類を交付することが望ましい**（「解釈・運用の考え方」13条関係3、（FAQ集3(2)No.16））。

✎ **類題** R5 問4（過去問題集p48参照）

問3 賃貸住宅標準管理受託契約書

1　誤り。「委託者は、委託者の責めに帰することができない事由によって管理業者が管理業務を行うことができなくなったとき、又は、管理業者の管理業務が中途で終了したときには、既にした履行の割合に応じて、前項の報酬を支払わなければならない」と定められている（賃貸住宅標準管理受託契約書4条2項）。委託者に支払義務があるのは、管理報酬の全額ではなく、既に行った履行の割合に応じた管理報酬である。

基本テキスト
1編4章②

2　誤り。「本契約の期間は、委託者及び管理業者の合意に基づき、更新することができる。　前項の更新をしようとするときは、委託者又は管理業者は、契約期間が満了する日までに、相手方に対し、文書でその旨を申し出るものとする」と定められている（賃貸住宅標準管理受託契約書3条1項・2項）。契約期間が満了する日の3か月前までではなく、契約期間が満了する日までに申し出るものとされている。

3　誤り。「鍵の管理（保管・設置、交換及び費用負担含む）に関する事項は委託者が行う」と定められている（賃貸住宅標準管理受託契約書12条1項）。鍵の管理については、賃貸住宅管理業者の業務とはされていない。

4　正しい。委託者は、管理業者から要請があった場合には、管理業者に対して、委任状の交付その他管理業務を委託したことを証明するために必要な措置を採らなければならない（賃貸住宅標準管理受託契約書16条2項）。

類題 R2 問15（過去問題集p54参照）

問4 委　任

1　誤り。民法上、委任は、各当事者がいつでもその解除をすることができる（民法651条1項）。

基本テキスト
1編1章❶⑧
1編1章❶⑨

2　正しい。委任契約を解除した場合には、将来に向かってのみ、その効力を生じる（民法652条、620条前段）。委任契約の解除の効力はさかのぼらない。

3　誤り。委任者または受任者の死亡は委任契約の終了事由である（民法653条1号）。受任者が死亡したときには委任契約は終了するのであって、受任者の相続人がその義務を承継することはなく、委任事務を処理する義務を負うものではない。

4　誤り。委任の終了事由は、これを相手方に通知したとき、または相手方がこれを知っていたときでなければ、これをもってその相手方に対抗することができない（民法655条）。相手方が委任の終了事由を知っていれば、相手方に通知しなくても、対抗することができる。

問5 請　負

1　正しい。請負人が仕事を完成するまでの間、注文者には、契約の解除権が認められている（民法641条）。注文者に解除権を認める理由としては、請負とは、注文者のために仕事をするものであって、その必要がなくなれば、これを完成させることに意味がないからである。

基本テキスト
1編1章❷③
1編1章❷④

2 誤り。注文者に契約の解除権を認めてはいるものの、**請負人が損害を被ることのないような配慮も必要であり、注文者は解除のためには、請負人に生じた損害を賠償しなければ**ならない（民法641条）。

3 誤り。注文者が**破産手続開始の決定を受けたときは、請負人または破産管財人は、契約の解除をすることができる**（民法642条1項本文）。なお、請負人による契約の解除については、仕事が完成した後はすることはできない（同項ただし書）。

4 誤り。引き渡された目的物に契約不適合がある場合には、注文者には、①追完請求（履行請求）、②報酬減額請求、③損害賠償請求に加え、④**契約を解除することも認められている**（民法559条、562条〜564条）。

問6 自力救済

正解 **2**

1 適切。建物の明渡しは、一般的には借主から貸主へ鍵を返還することによって行われる。しかし、貸主と借主の合意があれば、**什器備品、内装を残置したままで明渡しが完了したもの**として取り扱うことも可能である。

基本テキスト
2編1章❸①
2編3章④

2 最も不適切。賃貸借が終了してから明渡し完了までに間があくことがあり、その場合の貸室の利用に関する賃借人の利益（賃貸人の損害）については、**使用損害金として賃借人に支払いの義務が生じる**。使用損害金についての特約が定められていれば特約に従うが、特約がなければ使用損害金は、賃貸借における賃料相当額である（なお、多くの賃貸借契約では、使用損害金を賃料の倍額とする特約が定められている）。

3 適切。鍵交換のタイミングは、室内リフォームが完了し、入居希望者に対する内覧を終え、**実際に入居する借主が決定した後に行うのが望ましい**と考えられる。

4 適切。新しい借主に賃貸するにあたっては、新しい鍵に交換しなければならない。**鍵の交換費用は、貸主負担である**。

✎ 類題 R3 問6（過去問題集p58参照）

問7 委託者への報告

正解 **1**

1 最も不適切。賃貸住宅管理業者の委託者に対する管理業務報告書の説明は、契約を締結した日から1年を超えない期間ごとに定期的に行わなければならない。契約を締結した日から1年を超えない期間ごとに遅滞なく報告が行われている期間内において、管理受託契約の期間の満了に伴う更新を行う場合、**更新時における契約の期間の満了に伴う報告は不要である**（「解釈・運用の考え方」20条関係2）。
　なお、管理業務報告書によって説明することは必要だが、その場合の管理業務報告書に関する説明方法は定められておらず、方法は問われない（「解釈・運用の考え方」20条関係4、FAQ集3（3）No.13）。

基本テキスト
2編1章❹①
2編1章❹③

2 適切。委託者の定期報告については、**委託者の承諾があれば、管理業務報告書の交付に代えて、情報通信の技術を利用する方法（電磁的方法）により記載事項の情報を提供する**ことができる。委託者の承諾を得て情報通信の技術を利用して情報提供を行った場合には、

【解答・解説】第2回

管理業務報告書を交付したものとみなされる（規則40条2項）。メール等の電磁的方法によることも可能である（「解釈・運用の考え方」20条関係4、FAQ集3（3）No.13）。

3　適切。管理業務報告書に係る説明方法は問われないが、賃貸人と説明方法について協議の上、**双方向でやりとりできる環境を整え、賃貸人が管理業務報告書の内容を理解したことを確認することが必要である**（「解釈・運用の考え方」20条関係4、FAQ集3（3）No.13）。

4　適切。管理業務報告書の説明方法としては、メール等の電磁的方法によることも可能だが、賃貸人とのトラブルを未然に防止する観点からも、提供を行う賃貸住宅管理業者において、**管理業務報告書のデータを適切に保存するよう努めなければならない**（「解釈・運用の考え方」20条関係4、FAQ集3（3）No. 13）。

✎ 類題 R4 問6（過去問題集p86参照）

基本テキスト
2編2章③

問8　水道の検査　　　　正解 1

1　誤り。簡易専用水道は、水道事業者の水道と専用水道以外の水道で、水道事業から供給を受ける水のみを水源とし、水槽の有効容量の合計が**10㎥超**の水道である。簡易専用水道については、管理基準と検査の実施等が法律で定められている。

2　正しい。簡易専用水道については、**水槽の掃除を1年に1回実施すること**とされている。

3　正しい。簡易専用水道については、**1年に1回検査を実施し、保健所に報告しなければならない**。検査は、地方公共団体の機関または国土交通大臣および環境大臣の登録を受けた機関に委任して実施される。

4　正しい。簡易専用水道の設置者は、水が人の健康を害するおそれがあることを知った場合は、**直ちに給水を停止**したうえで、かつ、水を使用することが危険である旨を**関係者に周知させる措置を講じる義務がある**。

✎ 類題 R5 問6（過去問題集p98参照）

基本テキスト
2編2章④

問9　計画修繕の報告書　　　　正解 1

1　最も不適切。報告書では、長期修繕計画で設定した修繕周期を1つの目安としつつ、日常的な点検や専門家による定期点検を行うことで不具合箇所の早期発見に務め、**小修繕の実施や点検結果を踏まえた長期修繕計画の見直しを行い、適切な時期に修繕工事を実施する**、とされている。

2　適切。報告書では、長期修繕計画の策定に関しては、物件の状況に応じて、**計画期間、修繕の対象となる部位、各部位について将来見込まれる工事の内容、各部位の修繕周期、修繕費の概算額を明確に設定する**、とされている。

3　適切。報告書では、点検の実施（日常点検、定期点検、臨時点検、法定点検）に関しては、賃貸住宅の建物および設備の状態を良好に保つとともに、長期修繕計画を適時適切に見直していくために、**頻度や内容の異なる点検を通じて建物各部の不具合や設備等の異常な動作等を把握し、適切に消耗品の交換や作動調整等の補修を行うとともに、その内容を記録保管していく**、とされている。

4　適切。修繕前建物診断に関しては、日常点検や定期点検によって把握される不具合等が**日常的な補修の範囲を超えるとき**、または、**長期修繕計画に予定される大規模な計画修繕の実施を検討する際**には、建物および設備の劣化や損傷の程度・範囲等を詳細に把握し、問題の有無や原因、必要な修繕工事の内容および時期等を明らかにするために実施する、とされている。

問10　原状回復

正解 **4**

1　不適切。フローリング等の部分補修については、借主に故意・過失がある場合には**経過年数を考慮することなく、補修費用が借主の負担となる**。部分補修としたうえに形式的に経過年数を考慮すると、貸主にとって不合理な結果となるからである。

基本テキスト
2編3章⑥

2　不適切。借主に故意・過失がある場合、襖紙や障子紙の毀損等については**経過年数を考慮せず、張替え等の費用が借主の負担となる**。襖紙や障子紙は**消耗品**としての性格があり、毀損の軽重にかかわらず価値の減少が大きいため、減価償却資産の考え方を取り入れることにはなじまないと考えられるからである。

3　不適切。耐用年数を超えた設備等についても、継続して賃貸住宅の設備等として使用可能な場合があり、このような場合に借主が故意・過失等により設備等を破損し、使用不能にしてしまった場合には、従来機能していた状態まで回復させるための費用は**借主負担**となる。

4　**最も適切。クロスが耐用年数を超えている場合でも、落書きを消すための工事費や人件費等については、借主の負担**とすることができる。

✎ 類題 R5問10（過去問題集p120参照）

問11　原状回復

正解 **3**

1　適切。特約は当事者の意思表示の合致によって成立する。借主が意思表示をしていなければ特約は成立しない。

基本テキスト
2編3章⑧

2　適切。借主に特別の負担を課す特約については、特約の必要性があり、かつ、暴利的でないなどの客観的・合理的理由があり、借主が特約によって通常の原状回復義務を超えた修繕等の義務を負うことを認識したうえで、特約による義務負担の意思表示をした場合に効力が認められる（最判平成17.12.16）。**通常の原状回復義務を超えた修繕等の義務を負うことについての借主の認識を必要とする。**

3　**最も不適切。原状回復の取扱いについて、厳格な要件を充足すれば**、ガイドラインの内容と異なる特約の効力が認められる。

4　適切。最高裁平成17年12月16日判決においては、**客観的・合理的理由があること**が特約の有効要件とされている。

【解答・解説】第2回

問12 アスベスト（石綿）

基本テキスト
2編4章❶③

ア　正しい。アスベストは、人体に有害な物質であり、アスベスト粉じんを吸い込んで肺の中に入ると、肺がんや中皮腫、肺繊維症（じん肺）の原因となり、長期間吸引すると死に至ることとなる。そのため現在では建築材料としてアスベストを使用したり、**アスベストが含まれる建築材料を使用することは禁止されている。**

イ　正しい。アスベストは、その利点のゆえにかつては建築材料に多く使われていたために、現在でもアスベストを建築材料として使用した建築物が多く残っている。そこで、アスベスト含有が禁止される前に使用されていた建築材料の撤去や内装改修等に伴う仕上材を撤去する場合には、**建築材料のレベル区分によって撤去方法、仮設養生などが厳密に定められている。**

ウ　正しい。2023（令和5）年10月1日着工の工事から、**リフォーム工事を含め、**建築物の解体等の作業を行うときは、**資格者による事前調査が必要になった。**なお、石綿等の使用の有無が明らかとならなかったときは、石綿等の使用の有無について、分析調査を行わなければならない。

以上により、誤っているものはなく、正解は4となる。

問13 鍵

基本テキスト
2編4章❶⑤

1　最も不適切。ディンプルキー対応シリンダーは、表面にディンプル（くぼみ）のある鍵に対応するシリンダーであり、ピンシリンダーともいう。**防犯性に優れ、**高級物件などで使用されている。なお、かつては広く利用されていたが、ピッキングに対する被害を受けやすいため現在は製造中止となっているのは、ディスクシリンダーである。

2　適切。ロータリー（U9）シリンダーは、**現在一般に使用されているシリンダー**である。

3　適切。本肢のとおりである。かつて、扉の外から針金を差し込むなどしてサムターンを回す、サムターン回しと呼ばれるピッキングが多発していた。現在普及しているシリンダーは、ピッキングに対する防犯性能が向上している。

4　適切。本肢のとおりである。マスターキーを管理上の必要性から管理業者が保管し、火災や水漏れ、ガス漏れなど緊急を要する事態が生じた場合にこれを使用して住戸に入ることがあるが、その際には、複数の人間が立ち会うなどの配慮が必要となる。

問14 自動火災報知設備等

正解 4

基本テキスト
2編4章❸①

1　適切。消防用設備等の点検報告については、**機器点検は6か月に1回、総合点検は1年に1回行わなければならない**。非特定防火対象物である共同住宅でも、これを実施する義務がある。

2　適切。共同住宅は**非特定防火対象物**（特定防火対象物以外の防火対象物）である（消防法2条2項、17条の2の5第2項4号参照）。特定防火対象物については資格者によって防火対象物定期点検報告が必要だが、非特定防火対象物については対象にはならず、共同住宅では報告の実施は義務づけられていない。

3　適切。住宅用火災警報器は、新築住宅だけではなく、**既存住宅を含めてすべての住宅に**設置が義務づけられている。

4　**最も不適切**。煙感知器と熱感知器との反応の早さを比較すると、**熱感知器のほうが反応が遅く、煙感知器のほうが反応は早い**。

問15 構造と工法

正解 1

基本テキスト
2編4章❶

1　**最も不適切**。壁式構造は、柱や梁がなく、**壁（壁板）だけの構造**である。一般に非常に剛な構造となるが、壁で建物を支えることから自重が大きくなるため、中高層の建物の骨組みとしては用いられず、おもに低層の建物で採用されている。

2　適切。**ラーメン構造**は、柱と梁を組み立て、その接合部をつなぎ（剛接合して）、建物の骨組みを構成する構造方式である。

3　適切。木造は、他の建築構造と比べて**建物重量が軽く、施工しやすく**設計の自由度が高いが、防火性能や耐火性能において劣っている。

4　適切。**枠組壁工法（ツーバイフォー工法）**は、材料として2インチ×4インチ等の木材と構造用合板をおもに用い、釘と接合金物で組み立てる壁式構造の工法であり、通し柱の必要がない。気密性や断熱性・保温性において優れるが、建物の内部に湿気がたまりやすくなるという短所がある。

✎ 類題 R1 問39（過去問題集p134参照）

問16 外壁の劣化

正解 4

基本テキスト
2編5章②

ア　正しい。建物の外壁が劣化すると、**剝落・欠損**が生じる。剝落・欠損といった現象が生じていないかどうかは、目視で確認する必要があるが、このほか、**外壁近辺の落下物**によって判明することもある。日常清掃などの際に、タイルなどが落ちていたことがあるかなどのヒアリングを行うことも、外壁の劣化への対策として有用である。

イ　正しい。建物の外壁面の塗膜やシーリング材が劣化すると、**表面が粉末状になる現象**が生じる。表面が粉状になる現象は、**白亜化（チョーキング）**といわれる。この現象は、手

で外壁などの塗装表面を擦り、白く粉が付着するかどうかをみるなどによって、確認することができる。

ウ　正しい。建物の外壁にはセメントの石灰等が水に溶けてコンクリート表面に染み出すことがあり、空気中の炭酸ガスと化合して白色を呈する。このような現象を**白華現象（エフロレッセンス）**という。白華現象は、**外壁面の浮きやひび割れ部に雨水などが浸入したこと**により発生する。外壁の一部に白色の状態となっている部分がないかどうか、目視によって確かめる必要がある。

以上により、正しいものはア、イ、ウの３つであり、正解は4となる。

R4 問17（過去問題集p166参照）

問17　給　水

1　適切。水道直結方式のうち直結増圧方式は、**増圧給水ポンプを使い、住戸へ直接給水する方式**である。**定期的にポンプの検査をすることが必要**になる。水槽に水を貯めないために衛生的であるという長所がある。小規模で低層の建物で使われる。

2　最も不適切。水道直結方式のうちポンプを用いず水道本管に直結するのは、水道本管から分岐された**給水管により各住戸へ直接給水する方式**である。衛生的だが、水道本管の圧力の変化を受けやすいので、**水の使用量が大きい建物には適していない**。

3　適切。高置（高架）水槽方式は、**水をいったん受水槽に蓄え、揚水ポンプで屋上・塔屋の高置水槽まで汲み上げ、その後自然落下の重力により各住戸へ給水する方式**である。高置水槽の水は、各住戸の水栓が開栓されると自然流下で給水される。圧力はほとんど変動しないが重力に頼ることになるので、**上階は下階に比べて水圧が弱い**ことがある。上階の水圧を確保するためにポンプによる圧力アップが必要なケースもある。

4　適切。圧力タンク方式は、水をいったん受水槽に蓄え、**加圧給水ポンプで密閉圧力タンクに給水し、密閉圧力タンク内の空気を圧縮し、加圧して各住戸へ給水する方式**である。各住戸で水が使用されると水位が低下し、圧力タンク内の圧力が低下する。その状況を圧力スイッチが検知すると加圧ポンプが稼働し、圧力タンクの必要給水圧力を保持する。高置水槽が不要のため、多くの小規模マンションがこの方式を採用している。

H29 問30（過去問題集p196参照）

基本テキスト
2編7章①

問18　排　水

1　適切。排水管からの臭気を封じるために排水トラップ内に残留させる水を**封水**という。封水トラップは、下水道と接続されている排水管を伝わって、下水臭や虫、小動物が室内に侵入するのを防ぐため、**排水管の内部に設置される**。

2　最も不適切。1系統の排水管に対し、2つ以上の排水トラップを直列に設置することを二重トラップという。**二重トラップは排水の流れが悪くなるため、禁止されている。**

3　適切。破封とは、**トラップ内の封水がなくなること**である。破封の状態になると、悪臭が発生したり、排水に支障を生ずるから、破封の状態が生じないようにしなければならない。

基本テキスト
2編7章③

4 適切。封水深とは、排水トラップの封水の深さである。一般的に5 〜 10cmの深さが必要である。封水深が浅いとトラップ内の排水がなくなりやすく（破封しやすく）、深いと自浄作用がなくなる。

✎ 類題 R5 問17（過去問題集p198参照）

問19 ガス設備

正解 3

基本テキスト
2編8章❷

1 **不適切。**都市ガス事業は、ガス製造事業・ガス導管事業（一般ガス導管事業および特定ガス導管事業）・ガス小売事業に分かれる。ガス製造事業は、ガスを製造する事業であり、ガスを生活や事業に利用する需要者に直接供給するものではない。導管によって需要者に**ガスを供給するガス導管事業とは区別される**。

2 **不適切。**都市ガスのガス小売事業におけるガスの供給先は、小口の需要者に限られない。**大口の需要者にガスを供給することもできる。**

3 **最も適切。**ガスの料金は、ＬＰガスと都市ガスのいずれについても、**自由料金**となっている。都市ガスについては、以前は料金が規制されていたが、2017年に自由化された。

4 **不適切。**都市ガスのガス製造事業は、**届出**によって営業を行うことができる。許可を受けるものとはされていない。

問20 賃料の支払い

正解 3

基本テキスト
3編1章❶①
3編1章❷

ア **正しい。**借主は、**転貸する**ことによって自らは直接に使用または占有していなくても、賃料を支払わなければならない。

イ **正しい。特約によって、翌月分の賃料を前月末などに前払い**とすることが可能であり、実務上はほとんどの建物賃貸借契約でこのような特約が設けられている。ただし、特約がなければ、民法の原則に従って後払いになるので（民法614条本文）、当月分の賃料を当月末日までに支払うことになる。

ウ **誤り。**民法上、賃料の支払場所は、**債権者の現在の住所に持参して支払うことが原則な**ので（民法484条）、借主が貸主の住所に赴いて支払うことになる。ただし、特約を定めることが可能であり、多くの賃貸借契約では銀行口座に振り込むなどの支払方法が取られている。

エ **正しい。**賃料債務は金銭債務である。金銭の給付を目的とする債務の不履行については、その損害賠償の額は法定利率によって定められるのであり（民法419条１項）、遅延損害金の**特約がなくても法定利率による遅延損害金の支払義務がある**。特約によって法定利率を超える損害金が定められていた場合には、特約に従う。

以上により、適切なものはア、イ、エの３つであり、正解は３となる。

問21　賃料増減請求

正解 2

基本テキスト
3編1章❷

1　正しい。賃料増減請求は、**最後に賃料の額が決められた時点（直近合意時点）を起点**として、その後、**賃料決定の前提となる事情に変更があったとき**に認められる。

2　誤り。自動改定特約が存在する場合であっても、特約による改定日以降の事情ではなく、**直近に賃料の合意をした日以降の事情**が、賃料増減請求を判断するための基礎となる（最判平成20.2.29）。

3　正しい。賃料増減請求を判断するための基礎となるのは、賃料増減請求権を行使するまでの事情であって、**賃料増減請求権を行使した後の事情は、考慮の対象外である**（最判平成26.9.25）。

4　正しい。賃料は協議して定める旨の条項が定められていても、賃料増減額請求は可能である。最高裁昭和56年4月20日判決では、公租公課の増加に応じ賃貸人と賃借人とが協議して定める旨の約定について、「賃貸借当事者間の信義に基づき、**できる限り訴訟によらずに当事者双方の意向を反映した結論に達することを目的としたにとどまり**、当事者間に協議が成立しない限り賃料の増減を許さないとする趣旨のものではないと解するのが相当である。そして、賃料増減の意思表示が予め協議を経ることなく行なわれても、なお事後の協議によって右の目的を達することができるのであるから、本件約定によっても、右の意思表示前に必ず協議を経なければならないとまでいうことはできない」と述べられている。

問22　会　計

正解 2

基本テキスト
3編3章❶①

1　不適切。貸借対照表（バランスシート、Balance　Sheet）は、一時点（期末の時点）における企業のプラスの財産である資産とマイナスの財産である負債のバランスをまとめたものである。略して「B/S」と呼ばれる。**左側に資産の部、右側に負債の部と純資産の部が記載される。**

2　最も適切。貸借対照表の資産の部は、集めた資金がどのように投資され保有されているかを示し、**負債の部は資金がどのように集められたかを示している。**

3　不適切。損益計算書（P/L）は、**一会計期間における収益、費用、利益（損失）を計算して経営成績を示した表**である。企業の一時点（期末の時点）における資産と負債の状況を示した書類は貸借対照表であって損益計算書ではない。

4　不適切。損益計算書は、**収益、費用、利益（または損失）の3つの項目**から成り立つ。収益から費用を差し引き、利益（損失）が計算される。損益計算書が企業業績の判断材料である。

問23 契約期間

ア　誤り。民法上は賃貸借期間には50年という上限があるが、借地借家法では、建物賃貸借においてはどのような長い期間でも定めることができる（借地借家法29条２項）。普通建物賃貸借と定期建物賃貸借のいずれも同様である。

イ　正しい。普通建物賃貸借では、**期間の下限は１年である**。１年未満の期間を定めても、期間の定めがないとみなされる（借地借家法29条１項）。なお、定期建物賃貸借契約では、１年未満の期間の定めも可能である。

ウ　誤り。期間を定めなくても普通建物賃貸借は有効である。なお、これに対して、定期建物賃貸借では、必ず期間の定めをすることを要する。

エ　正しい。建物が共有である場合には、**期間３年を超えない賃貸借**については、**共有物の管理に関する事項**として、共有者の持分の価格に従い、その過半数で賃貸借契約を締結することができる（民法252条４項３号）。

以上により、誤っているものはア、ウの２つであり、正解は３となる。

類題 R5 問21（過去問題集p272参照）

基本テキスト
4編3章❶①

問24 造作買取請求

ア　正しい。造作は、**建物とは別に独立していて、かつ、建物の便益に供される物**である。空調機など、建物とは独立した別のものであることが必要であって、壁の塗装のように、建物に吸収されて独立性を失った物は、造作ではない。

イ　誤り。造作買取請求権が行使されたときには、**造作買取請求権行使時点の時価を代金とする売買**が成立する。造作の設置費用が代金になるのではない。

ウ　誤り。造作買取請求権を行使しないという特約は、有効である。

以上により、正しいものはアの１つであり、正解は１となる。

類題 R1 問16（過去問題集p268参照）

基本テキスト
4編2章❶⑤

問25 修　繕

1　誤り。賃貸物件について修繕を必要とするときは借主は貸主に通知しなければならないが、**貸主がすでにこれを知っているときは通知は不要である**（民法615条本文）。

2　誤り。貸主が借主の意思に反して保存行為をしようとする場合において、そのために借主が賃借をした目的を達することができなくなるときは、借主は契約の解除をすることができる（民法607条）。

3　正しい。転借人は借主の履行補助者の立場に立ち、**転借人の保管義務違反は、借主の保管義務違反と同視される**ものと考えられているから、貸主が転貸を承諾していたとしても、借主は貸主に対して保管の義務に違反することになる。

基本テキスト
4編2章❶②

4　誤り。借主は、貸主に対して保管義務を負うから、**保管義務に違反するものとして損害を賠償しなければならない**。失火については、不法行為による場合には重過失がなければ責任を負わないが、債務不履行による場合には重過失ではなく、軽過失であったとしても契約責任がある。賃貸物件における失火は保管義務違反として債務不履行となる。

📎 類題 R1 問17（過去問題集p270参照）

問26　定期建物賃貸借

正解 4

1　正しい。契約期間が１年未満であれば、終了通知を行う必要はない。なお、定期建物賃貸借契約の期間が１年以上である場合、貸主は期間の満了の１年前から６か月前までの間の通知期間に、借主に対し期間の満了により建物の賃貸借契約が終了する旨の通知をしなければ、契約終了を借主に対抗することができない（借地借家法38条６項本文）。

2　正しい。通知期間に終了通知を行わなかったとしても、**期間経過後に終了通知をした場合**には、**通知日から６か月を経過した後**に、契約の終了を借主に主張することが可能になる（借地借家法38条６項ただし書）。

3　正しい。契約終了に際して**明渡しを猶予**することは、一般的に行われている。期間満了から**一定期間経過後**に明け渡すものとすることもできる。

4　誤り。定期建物賃貸借契約において、借主が期間内解約を申し入れることができるかどうかは、**特約**による。借主は、特約に定めがなければ期間内解約を申し入れることはできないが、**特約に定めがあれば期間内解約を申し入れることができる**。

📎 類題 R5 問24（過去問題集p302参照）

基本テキスト
4編4章③

問27　賃貸借と抵当権

正解 4

1　誤り。買受人と借主の優劣関係は、抵当権設定登記と借主の引渡しの先後関係によって決められる。抵当権については、先後関係との関係で着目されるのは、設定された時期ではなく、**登記の時期**である。抵当権設定登記が引渡しよりも先であれば、建物の買受人は建物の借主に対して明渡しを求めることができるが、抵当権設定登記が引渡しよりも後であれば、建物の買受人は建物の借主に対して明渡しを求めることができない。

2　誤り。借主が建物の賃借権を買受人に対抗することができない場合であっても、借主が**競売開始前から建物の使用を行っていれば、建物の買受人に対する引渡しは６か月間猶予される**（建物引渡猶予制度）。直ちに建物を引き渡さなければならないわけではない。

3　誤り。借主が建物の賃借権を買受人に対抗できない場合には、買受人は、**貸主の地位を承継しない**から、建物の明渡しを受けた場合に、敷金の返還義務は負わない。

4　正しい。**借主が賃借権を対抗できるとき**には、建物の所有権が売買によって譲渡された場合と同様に、建物の所有権が競売によって移転した場合にも、**貸主の地位は当然に移転する**。

📎 類題 R2 問27（過去問題集p332参照）

基本テキスト
4編6章③

保　証

1　誤り。主たる債務の債権者に変更が生じた場合、保証債務も主たる債務に随伴して新債権者に移転する。このことを、**随伴性**という。保証債務には随伴性が認められているから、賃貸人の地位が移転した場合、**保証人は移転後の新賃貸人との関係においても保証債務を負う。**

基本テキスト
4編7章①
4編7章②

2　誤り。保証契約は、書面または電磁的記録でしなければ、その効力を生じない（民法446条2項・3項）。賃貸人が書面または電磁的記録によらないで契約を締結することを承諾しても、書面または電磁的記録が作成されなければ、保証契約には効力はない。

3　**正しい。**保証人が主たる債務者の委託を受けて保証をした場合において、債権者は、保証人から請求があったときは、保証人に対し、遅滞なく、**主たる債務の元本および主たる債務に関する利息についての不履行の有無などに関する情報を提供しなければならない**（民法458条の2）。賃借人は、賃料を滞納しているかどうかについて、賃貸人に情報提供を求めることができる。なお、この情報提供の権利は、保証人が個人の場合と法人の場合のいずれにおいても認められる。

4　誤り。個人保証の場合、賃借人が保証人に事業のために負担する債務を主債務とする委託をするときは、賃借人は、保証人に対して財産および収支の状況等の情報提供をしなければならない。しかし、**法人が保証人になる場合には、保証人に対する財産および収支の状況等の情報提供は必要とされていない**（民法465条の10第1項・3項）。

✎ 類題 R2 問26（過去問題集p340参照）

賃貸住宅の意味

ア　誤り。1棟の家屋につき、複数の目的のために利用されている場合においては、そのうち、**居住の用に供されている住宅部分は、賃貸住宅に該当する**（「解釈・運用の考え方」2条1項関係1（3））。

基本テキスト
5編1章❷①

イ　**正しい。**賃貸住宅とは、賃貸の用に供する住宅をいう。賃貸人と賃借人（入居者）との間で賃貸借契約が締結されておらず、賃借人（入居者）を募集中や募集前の家屋等でも、**賃貸借契約の締結が予定され、賃借することを目的するものである場合は、賃貸住宅に該当する**（「解釈・運用の考え方」2条1項関係1（3））。

ウ　誤り。家屋等が建築中でも、竣工後に**賃借人を募集する予定であり、居住の用に供することが明らかな場合は、賃貸住宅に該当する**（「解釈・運用の考え方」2条1項関係1（3））。

以上により、正しいものはイの1つであり、正解は1となる。

✎ 類題 R3 問29（過去問題集p352参照）

問30 管理業務の意味

正解 4

1 正しい。管理業務とは、賃貸住宅の賃貸人から委託を受けて行う業務であって、以下の①または②にあたるものである。

基本テキスト
5編1章❷②

　　① 委託に係る賃貸住宅の維持保全を行う業務（法2条2項1号）

　　② 賃貸住宅に係る家賃、敷金、共益費その他の金銭の管理を行う業務（①の業務と併せて行うものに限る）（法2条2項2号）

　　また、維持保全とは、住宅の居室およびその他の部分について、点検、清掃その他の維持を行い、および必要な修繕を行うことをいう。**維持または修繕のいずれか一方のみを行うことは維持保全を行うものではなく、管理業務にはあたらない**（「解釈・運用の考え方」2条2項関係2）。

2 正しい。エレベーターの保守点検・修繕を行う事業者等が、**賃貸住宅の部分のみについて維持から修繕までを行う場合**には、賃貸住宅の維持保全を行うものではなく、管理業務にはあたらない（「解釈・運用の考え方」2条2項関係2）。

3 正しい。入居者からの苦情対応のみを行い、**維持および修繕（維持・修繕業者への発注等を含む）を行っていない場合**は、賃貸住宅の維持保全を行うものではなく、管理業務にはあたらない（「解釈・運用の考え方」2条2項関係2）。

4 誤り。賃貸住宅の**賃貸人から委託を受けて行う場合**に初めて、賃貸住宅管理業となる。賃貸住宅管理業とは、賃貸住宅の賃貸人から委託を受けて、管理業務を行う事業である（法2条2項はしら書）。

類題 R5 問32（過去問題集p354参照）

問31 登録制度

正解 2

1 誤り。登録は国土交通大臣が行う（法3条1項本文）。賃貸住宅管理業務を行う範囲のいかんにかかわらず、賃貸住宅管理業を営むためには、国土交通大臣の登録を受けなければならない。都道府県知事が登録を行うのではない。

基本テキスト
5編2章❶①

2 正しい。登録の更新の申請が行われ、登録期間の満了の日までに申請に対する処分が行われなかった場合には、登録期間の満了の日を経過しても、登録は効力を失わない（法3条3項）。なお、登録の有効期間の満了の日までに更新が申請され、登録の有効期間の満了の日の後に更新されたときには、**更新後の有効期間は、従前の登録の有効期間の満了の日の翌日から起算する**（法3条4項）。

3 誤り。シェアハウスの場合の管理戸数は、**入居者との間で締結されることが想定される賃貸借契約の数によって数える**。10部屋のシェアハウスであれば、そのうち6部屋で賃貸借契約が締結されていなくても、管理戸数は10戸と数える（「解釈・運用の考え方」3条1項関係2）。

4 誤り。管理戸数が200戸未満の場合には、登録を受けなくても賃貸住宅の管理業務を行うことはできるが、**登録を受けることは可能である**。

　　なお、管理戸数が一時的にでも200戸以上となる見込みがあれば、登録が必要である（「解釈・運用の考え方」3条1項関係1）。

類題 R5 問29（過去問題集p364参照）

問32 登録制度

1　正しい。合併により消滅したときは、法人の登録は効力を失う（法9条2項・1項2号）。賃貸住宅管理業者である法人が合併により消滅したときは、**法人を代表する役員であった者は、その日から30日以内に、その旨を国土交通大臣に届け出なければならない**（法9条1項・2号）。

2　誤り。管理業者である法人が合併により消滅したときは、登録（法3条1項）は、その効力を失う（法9条2項）。賃貸住宅管理業者である法人が合併により消滅したときは、法人を代表する役員であった者が、合併により法人が消滅した日から30日以内にその旨を国土交通大臣に届け出ることが義務づけられているが（法9条1項2号）、届出によって登録の効力が失われるのではなく、届け出がなされたかどうかを問わず、**合併によって法人が消滅すれば、登録は当然に効力を失う。**

3　正しい。賃貸住宅管理業者である個人が死亡したときは、**賃貸住宅管理業者の相続人は、その事実を知った日から30日以内に、その旨を国土交通大臣に届け出なければならない**（法9条1項1号）。届出が必要な期間である30日の期間は、相続人が死亡の事実を知った日から起算する。

4　正しい。**賃貸住宅管理業を営んでいないことは登録拒否事由ではないから、現に賃貸住宅管理業を営んでいなくても、登録を受けることができる。しかし、登録を受けてから1年以内に業務を開始せず、または引き続き1年以上業務を行っていないことは登録の取消事由となっている。**したがって、登録を受けてから1年以内に業務を開始しないときは、登録が取り消されることになる（法23条2項）。

類題 R3 問32（過去問題集p370参照）

基本テキスト
5編2章❶④
5編2章❶⑤

問33 再委託の禁止

1　正しい。法15条には、賃貸住宅管理業者は、委託者から委託を受けた**管理業務の全部を他の者に対し、再委託してはならない**と定められている。

2　正しい。一部の再委託については、賃貸住宅管理業法上は禁止されていない。管理受託契約に管理業務の一部の再委託に関する定めがあるときは可能であるが、**管理受託契約に定めがなければ、再委託をすることはできない**（民法644条の2、656条、「解釈・運用の考え方」15条関係1）。

3　誤り。再委託先は賃貸住宅管理業者である必要はない。ただし、管理業務を委託した委託者との関係においては、管理受託契約を締結した賃貸住宅管理業者が、再委託先の管理業務の実施について責任を負うことになる（「解釈・運用の考え方」15条関係2）。

4　正しい。賃貸住宅管理業法の施行前に締結された管理受託契約についても、**再委託の禁止の規定が適用される**（法附則3条1項）。

類題 R5 問28（過去問題集p376参照）

基本テキスト
5編2章❺

1 正しい。賃貸住宅管理業法17条1項には、「賃貸住宅管理業者は、国土交通省令で定めるところにより、その業務に従事する使用人その他の従業者に、その**従業者であることを証する証明書を携帯させなければ、その者をその業務に従事させてはならない**」と定められている。

基本テキスト
5編2章❻

2 正しい。賃貸住宅管理業者が従業者証明書を携帯させるべき者には、**正規および非正規を問わず**、賃貸住宅管理業者と直接の雇用関係にあって、賃貸住宅管理業の業務に携わる者が含まれる（「解釈・運用の考え方」17条関係、FAQ集3（3）No.8）。

3 誤り。賃貸住宅管理業者が従業者証明書を携帯させるべき者には、派遣事業者から賃貸住宅管理業者へ派遣され、**賃貸住宅管理業の業務に携わる派遣社員で、賃貸住宅管理業者が直接の指揮命令権を有する者**が含まれる（「解釈・運用の考え方」17条関係、FAQ集3（3）No.8）。賃貸住宅管理業の業務に携わる派遣社員に対して賃貸管理業者が直接の指揮命令権を有する場合には、派遣事業者より賃貸住宅管理業者へ派遣されて業務に携わる派遣社員についても、従業者証明書を携帯させる義務が課される。

4 正しい。賃貸住宅管理業者と直接の雇用関係にある者であっても、**内部管理事務に限って従事する者**は、従業者証明書の携帯の義務はない（「解釈・運用の考え方」17条関係、FAQ集3（3）No.8）。

類題 R3 問31（過去問題集p378参照）

1 誤り。誇大広告等の禁止、および不当な勧誘等の禁止は、特定転貸事業者だけではなく、建設業者や不動産業者等の勧誘者にも義務づけられるが、**契約締結前の重要事項説明義務の遵守は特定転貸事業者がその対象**であり、勧誘者が義務づけられるものではない（法28条、29条、30条1項）。

基本テキスト
5編3章❶③
5編3章❶④

2 誤り。勧誘者とは、特定転貸事業者と特定の関係性を有し、特定転貸事業者が特定賃貸借契約の締結についての勧誘を行わせる者である。明示的には勧誘の委託が行われていなくても、**特定転貸事業者から勧誘を行うよう依頼をされたり、勧誘を任されていれば、勧誘者にあたる**（「解釈・運用の考え方」28条関係1）。

3 正しい。勧誘者が勧誘行為を第三者に再委託した場合には、**再委託を受けた第三者も勧誘者に該当する**（「解釈・運用の考え方」28条関係1）。

4 誤り。勧誘とは、特定のサブリース業者の**特定賃貸借契約の内容や条件等を具体的に認識できるような内容を伝えること**である。契約の内容や条件等に触れずに、単に業者を紹介する者は、勧誘者にはあたらない（「解釈・運用の考え方」28条関係1）。

類題 R5 問33（過去問題集p382参照）

問36 誇大広告等の禁止

ア　違法な広告となる。契約期間中であっても業者から解約することが可能であるにもかかわらずその旨を記載せずに、「20年一括借り上げ」「契約期間中、借り上げ続けます」「建物がある限り借り続けます」などの表示をすれば、誇大広告等にあたる（サブリースガイドライン4（7）④）。

基本テキスト
5編3章❷⑤

イ　違法な広告となる。定期的な家賃の見直しや減額請求が可能であるのに、その旨を表示せず、本肢のような表示をすることは、誇大広告等にあたる（サブリースガイドライン4（7）①）。

ウ　違法な広告となる。実際にはサブリース業者が実施しない維持保全の業務を実施するかのような表示は、誇大広告等にあたる（サブリースガイドライン4（7）②）。

エ　違法な広告となる。実際には毎月オーナーから一定の費用を徴収して原状回復費用にあてるときには、「原状回復費負担なし」という表示は、誇大広告等にあたる（サブリースガイドライン4（7）③）。

以上により、違法な広告となるのはア、イ、ウ、エの4つであり、正解は4となる。

✎ 類題 R3 問39（過去問題集p390参照）

問37 不当な勧誘等の禁止

ア　誤り。特定賃貸借契約の締結または更新について相手方等に迷惑を覚えさせるような時間に電話または訪問により勧誘する行為は、不当な勧誘等となる（規則43条2号）。しかし、禁止されるのは、特定転貸事業者が電話をかけたり、顧客の自宅や勤務先等を訪問して勧誘したりする行為であって、**顧客が特定転貸事業者の営業所を訪ねてきた際に勧誘をする行為は、禁止行為としての不当な勧誘等にはあたらない**（サブリースガイドライン5（7）②）。

基本テキスト
5編3章❸③

イ　正しい。特定賃貸借契約の締結または更新について、**深夜または長時間の勧誘その他の私生活、または業務の平穏を害するような方法**により相手方等を困惑させる行為は、不当な勧誘等となる（規則43条3号）。

ウ　正しい。特定賃貸借契約の締結、または**更新をしない旨の意思**（契約の締結、または更新の勧誘を受けることを希望しない旨の意思を含む）を表示した相手方等に対して執ように勧誘する行為は、不当な勧誘等となる（規則43条4号）。

以上により、正しいものはイ、ウの2つであり、正解は3となる。

問38 特定賃貸借契約重要事項説明

1　正しい。賃貸住宅管理業法上、特定転貸事業者には、**住宅を転貸するときの相手方（転借人）に対する重要事項説明が義務づけられていない**。なお、宅建業法との関係でみても、特定転貸事業者は転貸借における「自ら賃貸人」であり、宅建業法の適用対象ではない。

基本テキスト
5編3章❹①
5編3章❹②

2　誤り。特定賃貸借契約について**重要事項説明の義務を負うのは特定転貸事業者**であり、特定転貸事業者は特定賃貸借契約においては賃借人の立場に立つ（法30条1項）。特定賃貸借契約において重要事項説明の義務を負うのは、賃借人になろうとする者であって、賃貸人になろうとする者ではない。

3　正しい。特定転貸事業者は、賃貸住宅の賃貸人に対し、**特定賃貸借契約の内容および履行に関する重要事項**を説明する義務がある（同法30条1項）。

4　正しい。重要事項説明では、相手方の知識や経験の有無にかかわらず、定められた重要事項をすべて書面に記載し、説明をしなければならないが、説明を実施するにあたっては、**説明の相手方の属性やこれまでの賃貸住宅経営の実態を踏まえる必要がある**とされている（「解釈・運用の考え方」30条関係1、サブリースガイドライン6（4））。

問39　特定賃貸借標準契約書

正解 2

基本テキスト
5編3章❻[2]
5編3章❻[9]

1　正しい。「1か月に満たない期間の家賃は、**1か月を30日として日割計算した額とする**」と定められている。

2　誤り。「貸主及び借主は、頭書（4）に記載する家賃改定日において、頭書（4）記載の家賃額決定の要素とした事情等を総合的に考慮した上で、次の各号の一に該当する場合には、**協議の上**、家賃を改定することができる。
　一　土地又は建物に対する租税その他の負担の増減により家賃が不相当となった場合
　二　土地又は建物の価格の上昇又は低下その他の経済事情の変動により家賃が不相当となった場合
　三　近傍同種の建物の家賃に比較して家賃が不相当となった場合」と定められている（特定賃貸借標準契約書5条3項）。家賃の改定は一方的な意思表示によるのではなく、協議によるものと規定されている。

3　正しい。「貸主は、借主が次に掲げる場合において、貸主が**相当の期間を定めて当該義務の履行を催告**したにもかかわらず、その期間内に当該義務が履行されないときは、本契約を解除することができる。
　一　第5条第1項に規定する家賃支払義務を**3か月分以上怠った場合**」と定められている（特定賃貸借標準契約書18条1項1号）。

4　正しい。「貸主は、借主が次に掲げる場合において、貸主が**相当の期間を定めて当該義務の履行を催告**したにもかかわらず、その期間内に当該義務が履行されないときは、本契約を解除することができる。
　三　第11条に規定する借主の**費用負担義務に違反した場合**」と定められている（特定賃貸借標準契約書18条1項3号）。

類題 R4 問41（過去問題集p416参照）

問40 業務状況調書等の備置き、閲覧

正解 4

基本テキスト
5編3章❼①
5編3章❼②
5編3章❼③

1 正しい。特定転貸事業者には、書類の作成と備置きが義務づけられる（法32条）。書類の記載内容は、業務および財産の状況であり、**事業年度経過後３か月以内に書類を作成し、遅滞なく営業所または事務所ごとに備え置かなければならない**（規則48条３項）。

2 正しい。特定転貸事業者が備え置くべき業務および財産の状況を記載した書類は、**業務状況調書、貸借対照表および損益計算書**である。このうち、貸借対照表と損益計算書については、**これらに代わる書面**の備置きで足りる（規則48条１項）。「これらに代わる書面」とは、貸借対照表と損益計算書などが包含される有価証券報告書や外資系企業が作成する同旨の書面、または商法上作成が義務づけられる商業帳簿等である。なお、業務状況調書等のうち、業務状況調書については、様式が定められている（「解釈・運用の考え方」32条関係（１）（２））。

3 正しい。業務および財産の状況を記載した書類については、ファイルまたは磁気ディスク等を含むものとされている（規則48条３項かっこ書）。ファイルまたは磁気ディスク等が業務状況調書等とされる場合における閲覧は、**業務状況調書等を紙面または営業所または事務所に設置された入出力装置の映像面に表示する方法**で行う（規則48条２項後段）。

4 誤り。特定転貸事業者に義務づけられているのは、**書類の備置きと閲覧**であり、謄写を認めなければならないとはされていない（法32条）。

問41 特定転貸事業者等の監督

正解 1

基本テキスト
5編3章❽

ア 誤り。監督処分は、原則として、当該監督処分をしようとする日前**5年間**に当該特定転貸事業者等がした違反行為に対しすることとする、とされている（特定転貸事業者等の違反行為に対する監督処分の基準２-１（１））。監督処分をしようとする日の３年間に特定転貸事業者等がした違反行為に対してなされる場合もある。

イ 誤り。業務停止処分を受けた特定転貸事業者は、業務停止期間中において、**業務停止の開始日前に締結された契約に基づき賃借した賃貸住宅を第三者に転貸する事業を執行する行為を除き**、特定賃貸借契約に関する行為はできないとされている（特定転貸事業者等の違反行為に対する監督処分の基準４）。業務停止期間中でも、業務停止の開始日前に締結された契約に基づき賃借した賃貸住宅を第三者に転貸する事業を執行する行為は、行うことができる。

ウ 正しい。特定転貸事業者には、特定転貸事業者の業務および財産の状況を記載した書類（業務状況調書等）を備え置き、特定賃貸借契約の相手方または相手方となろうとする者の求めに応じ、閲覧させなければならない義務がある（書類を備え置き、閲覧させる義務。法32条）。しかし、業務状況調書等を備え置き、閲覧させる義務は、特定転貸事業者の義務であって、**勧誘者の義務ではない**。勧誘者が閲覧請求を拒否しても違法ではなく、国土交通大臣が指示を行うことはできない。

以上により、誤っているものの組み合わせはア、イとなり、正解は１となる。

1 **適切。**速報集計によれば、2023年10月1日現在における我が国の総住宅数は6,502万戸と、2018年と比べ、4.2%（261万戸）増加している。総住宅数はこれまで**一貫して増加が続いており、過去最多**となっている。

2 **適切。**速報集計によれば、総住宅数のうち、空き家は900万戸となっている。2018年（849万戸）と比べ、51万戸増加しており、**過去最多**となった。

3 **最も不適切。**速報集計によれば、総住宅数に占める空き家の割合（空き家率）は13.8%と、2018年（13.6%）から0.2ポイント**上昇**しているから、本肢は不適切である。この13.8%という空き家率の数値は過去最高となっている。なお、空き家数の推移をみると、これまで一貫して増加が続いており、1993年から2023年までの30年間で約2倍となっている。

4 **適切。**速報集計によれば、空き家数のうち、「賃貸・売却用及び二次的住宅を除く空き家」は385万戸である。2018年（349万戸）と比べ、37万戸の**増加**となっており、総住宅数に占める割合は5.9%となっている。

基本テキスト
6編1章❶⑤

1 **正しい。**業務管理者は、登録の欠格事由（法6条1項1号〜7号）のいずれにも該当しない者でなければならない（法12条4項）。**破産手続開始の決定を受けて復権を得ないこと**は、登録の欠格事由とされている（法6条1項2号）。賃貸住宅管理業者は、破産手続開始の決定を受けて復権を得ない者を業務管理者に選任することはできない。

2 **誤り。**業務管理者は、賃貸住宅の賃貸に関する事業の円滑な実施などを確保するために必要な事項について、**管理および監督をすることを職務とする**（法12条1項）。**管理受託契約の締結や賃貸住宅の維持保全の実施を自ら行うことではなく、賃貸住宅管理の業務**について管理および監督をすることがその職務とされている。

　　そして、定期報告についても、その管理および監督を行うことは業務管理者の職務であるが（法12条1項、規則13条5号）、定期報告に関する事項を自らが行うことが、賃貸住宅管理業法上の業務管理者の職務とされているわけではない。

3 **誤り。賃貸住宅管理業者**は、管理受託契約を締結しようとするときは、賃貸住宅の賃貸人に対し、**管理受託契約を締結するまでに、所定の重要事項について、書面を交付して説明しなければならない**（法13条1項）。この場合の書面交付と説明については、業務管理者が書面を交付して説明することが求められているわけではなく、また書面に業務管理者の記名が必要とされているものでもない。

4 **誤り。**「宅地建物取引業法の解釈・運用の考え方」では、「宅地建物取引業を営む事務所における専任の宅地建物取引士が、賃貸住宅の管理業務等の適正化に関する法律第12条第1項の規定により選任される業務管理者を兼務している場合については、当該業務管理者としての賃貸住宅管理業に係る業務に従事することは差し支えない」と説明されている（「宅地建物取引業法の解釈・運用の考え方」31条の3第1項関係3）。つまり、宅地建物取引業を営む事務所の専任の宅地建物取引士と業務管理者を兼務することは認められている。

　　なお、業務管理者が、2以上の営業所または事務所における業務管理者を兼ねることは

基本テキスト
5編2章❹①
5編2章❹②
5編2章❹③

禁じられている。

✎ 類題 R3 問43 （過去問題集p446参照）

問44 建築物省エネ法による表示制度

正解 2

基本テキスト
6編3章❷

1　適切。2024年（令和6年）4月に建築物省エネ法による表示制度が開始した。建築物を販売、賃貸する事業者に、**省エネ性能**（エネルギー消費性能）と**断熱性能**（★マークや数字）、および**目安光熱費**をラベルによって示すことが義務づけられる。自用の建築物や注文住宅は義務づけの対象ではない（国土交通省Webサイト　https://www.mlit.go.jp/shoene-label/files/jigyoushamuke.pdf）。

2　**最も不適切。**建築物省エネ法による表示制度によってラベルの表示が義務づけられるのは、**建築物を販売し、または賃貸する事業者**である。販売または賃貸を代理し、またはその媒介を行う事業者は、ラベル表示義務づけの対象ではない。

3　適切。建築物省エネ法による表示制度によってラベルの表示が義務づけられるのは、**2024年（令和6年）4月以降に建築確認申請を行う建築物**である。それ以前に建築確認申請がなされたものについては、表示が推奨されるが、義務ではない。なお、住宅と非住宅の両方が対象となる。

4　適切。事業者が販売・賃貸するときのラベルの表示義務は**努力義務**ではあるが、表示を怠れば**勧告**され、**事業者名が公表**されるものとされている（建築物省エネ法33条の3第1項・2項）。

問45 個人情報保護法

正解 1

基本テキスト
6編4章❸⑤

1　**最も不適切。**個人情報保護委員会への報告は**速報と確報の2段階**となっている。事態の発生を認識した後、速やかに速報をしなければならず、その後30日（不正アクセス等不正の目的による場合は60日）以内に確報を行わなければならない（個人情報保護法施行規則8条1項・2項）。

2　適切。漏えい等が発生した**個人データの項目、本人の数、漏えいの原因**が個人情報保護委員会への報告事項である（個人情報保護法施行規則8条1項2号～4号）。

3　適切。**二次被害またはそのおそれの有無およびその内容**が個人情報保護委員会への報告事項となっている（個人情報保護法施行規則8条1項5号）。二次被害またはそのおそれの無いときであっても、二次被害またはそのおそれの無いことを報告しなければならない。

4　適切。個人情報取扱事業者は、漏えい等については**本人に対し、その事態が生じた旨を通知**しなければならない（個人情報保護法26条2項）。本人に対する報告事項は、漏えい等が発生しまたは発生したおそれがある個人データの項目、原因、二次被害またはそのおそれの有無およびその内容等の一部の事項である（同法施行規則6条の5）。

✎ 類題 R4 問42 （過去問題集p486参照）

問46 障害者差別解消法

1 **適切。** 障害者差別解消法の目的は、障害を理由とする差別の解消を推進し、もって全ての国民が、障害の有無によって分け隔てられることなく、相互に人格と個性を尊重し合いながら共生する社会の実現である（障害者差別解消法1条）。

基本テキスト
6編4章❶①
6編4章❶②

2 **適切。** 障害者とは、**身体障害、知的障害、精神障害**（発達障害を含む）**その他の心身の機能の障害がある者**であって、障害および社会的障壁により継続的に日常生活または社会生活に相当な制限を受ける状態にあるものをいう。

3 **適切。** 差別的取扱いの禁止・合理的配慮提供の義務に違反した事業者には、**主務大臣によって助言・指導・勧告がなされる。** また、主務大臣によって報告を求められることもあり、報告が求められたのに、報告をせず、または虚偽の報告をした者は、20万円以下の過料に処される（障害者差別解消法12条、26条）。

4 **最も不適切。** 事業者は、その事業を行うに当たり、障害者から現に社会的障壁の除去を必要としている旨の意思の表明があった場合において、その実施に伴う負担が過重でないときは、障害者の権利利益を侵害することとならないよう、当該障害者の性別、年齢および障害の状態に応じて、社会的障壁の除去の実施について**必要かつ合理的な配慮をしなければならない**（障害者差別解消法8条2項）。障害者差別解消法における合理的配慮の義務は、令和6年4月に改正法が施行され、単に努力義務ではなく、法律上の義務に改められた。

✎ 類題 R5 問41（過去問題集p482参照）

問47 死後事務委任

賃借人の死亡後、賃借権と居室内に残された家財（残置物）の所有権は、その相続人に承継（相続）される。しかし、相続人の有無や所在が分からない場合、賃貸借契約の解除や残置物の処理が困難になることがあり、とくに単身高齢者に対して賃貸人が建物を貸すことを躊躇する問題が生じている。そのため、国土交通省および法務省において、令和3（2021）年6月に「残置物の処理等に関するモデル契約条項」（モデル契約条項）が策定された。

基本テキスト
2編1章❸⑤

1 **不適切。** モデル契約条項は、**単身高齢者（60歳以上の者）**が賃貸住宅についての賃貸借契約を締結するときにこの条項を活用し、賃借人以外の第三者が受任者となって死後事務委任契約を締結することが想定されている。

2 **最も適切。** 賃借人が死亡した際には、①賃貸人が、賃借人死亡の事実を受任者に通知する、②賃貸人と解除事務受任者は、合意により賃貸借契約を解除する、**賃料滞納があった場合などは、賃貸人が解除事務受任者に対して解除をすることもできる**、③受任者が室内に立ち入り、残置物の状況を確認し記録する、④保管に適さない物はただちに廃棄する、⑤保管に適さない物以外は、死亡後の所定期間（たとえば、3か月）経過後に、委任者死亡時通知先に2週間前までに通知しておいて、その後廃棄する、価値等に照らし廃棄が適切でないものについては、残置物事務受任者は、できるだけ換価する（お金に換える）、換価代金は相続人に返還する、という取扱いとなる。

受任者は、推定相続人の了解を得なくても、賃料滞納があった場合の解除通知を受領することが認められる。

3 **不適切。** 受任者は、**推定相続人の了解を得なくても**、賃料滞納があった場合の解除通知

の受領だけではなく、賃貸人との間で**賃貸借を合意解除することも認められる**。

4　**不適切**。受任者は、賃借人が死亡した場合には、保管に適さない物をただちに廃棄することが認められる。

問48　消費者契約法（家賃債務保証業社）

正解 **1**

基本テキスト
4編7章 [7]

1　**正しい**。最高裁判令和4年12月12日判決は、解除権付与条項について、「所定の賃料等の支払の遅滞が生じた場合、原契約（賃貸借契約）の当事者でもない家賃債務保証業者Yがその一存で何らの限定なく原契約につき無催告で解除権を行使することができるとするものであるから、賃借人が重大な不利益を被るおそれがあるということができる。」「消費者である賃借人と事業者である家賃債務保証業者Yの各利益の間に看過し得ない不均衡をもたらし、当事者間の衡平を害するものであるから、信義則に反して消費者の利益を一方的に害するものであるというべきである」として解除権付与条項を**消費者契約法に違反するもの**として無効と判断した。

2　**誤り**。上記最高裁令和4年12月12日判決が解除権付与条項を無効としているのは、賃貸借契約の**当事者ではない**家賃債務保証会社が限定なく**無催告で解除できる**とする条項だからである。賃料の不払いが多額でないことを理由として解除権付与条項が無効だと判断したものではない。

3　**誤り**。上記最高裁令和4年12月12日判決は解除権付与条項について、**効力を認めておらず**、無効としている。

4　**誤り**。上記最高裁令和4年12月12日判決は解除権付与条項について、**効力を認めておらず**、無効としている。

問49　減価償却

正解 **4**

基本テキスト
6編5章 ◆ [1]

1　**不適切**。土地については減価償却されない。減価償却されるのは、長期に渡って使用され、期間に対応してその価値が減少する資産であり、建物はそのような性格を有するが、土地はそのような性格を有しない。

2　**不適切**。減価償却は複数の年に分けてそれぞれの期で償却するのが原則だが、個人の所得税では、**取得金額10万円未満の少額資産**については、取得した年の必要経費にするものとされている。取得金額が10万円を超えれば、減価償却が必要になる。

3　**不適切**。定額法は毎年の減価償却費を**同額**とする方法、定率法は**初期に減価償却費を多くし、年が経つに従って減価償却費を一定の割合で逓減させる**方法である。

4　**最も適切**。現在では**新築建物**には、定率法の選択は認められていない。

【解答・解説】第2回

基本テキスト
6編5章❷2

1 **最も不適切。**保険料は**保険会社が引き受けるリスクの度合いに比例するものとしなけれ**ばならない。建物の火災保険についてみれば、構造、地域等により火災の危険度が異なる場合には、これを同一の保険料率とすることは不公平であり、保険料率は、それぞれの危険度に応じて、公平に決定される（給付・反対給付均等の原則）。

2 **適切。**偶然の事故が生じた場合に保険会社が保険契約者に支払う金銭を「保険給付」、保険給付によって支払われる金銭が「保険金」、保険契約によりてん補される損害を受ける者を「被保険者」という。被保険者は、**保険加入者**（保険契約者）**と同一人の場合**と、**別人の場合**の両方がある。

3 **適切。**事故は個々の当事者からみると偶然で予測できないが、独立的に偶然起こる事象であっても、大量に観察すればある事象の発生する確率は一定値に近づく（大数の法則）。大数の法則によって、個々のケースは偶発的であっても、その発生率を統計的確率から予測することが可能になる。
　　損害保険は、**大数の法則による予測**を利用して、リスクの発生率と被害額を計算して保険料を算出し、**事故の被害による損失を平準化する**仕組みである。

4 **適切。**損害保険の保険料は、**純保険料**と**付加保険料**から成り立つ。純保険料は保険金受取人に支払う保険金の原資となるものであって、過去のデータから大数の法則を用いて計算される。付加保険料は保険会社の経費などである。損害保険の保険契約者の保険料は、純保険料（および付加保険料）の総額と保険金の総額が等しくなるように算出される（収支相等の原則）。

類題 R4 問48（過去問題集p518参照）

第3回 マスター編
解答・解説

第3回 マスター編 【正解番号・項目一覧】

＊正解した問題にはCheck欄に「✔」印を付けておきましょう。

問題番号	正解	項　目	Check
問1	4	管理受託契約重要事項説明	☐☐☐
問2	2	管理受託契約重要事項説明	☐☐☐
問3	1	賃貸住宅標準管理受託契約書	☐☐☐
問4	1	委任全般	☐☐☐
問5	1	請　負	☐☐☐
問6	1	相隣関係	☐☐☐
問7	1	工作物責任	☐☐☐
問8	3	明渡しの強制執行	☐☐☐
問9	4	委託者への報告	☐☐☐
問10	2	定期調査・検査	☐☐☐
問11	3	原状回復	☐☐☐
問12	2	原状回復	☐☐☐
問13	2	消火器	☐☐☐
問14	2	避難、採光	☐☐☐
問15	3	換気、シックハウス	☐☐☐
問16	4	給　水	☐☐☐
問17	1	排　水	☐☐☐
問18	2	ガス設備	☐☐☐
問19	4	避雷設備	☐☐☐
問20	2	弁済供託	☐☐☐
問21	3	賃料増減請求	☐☐☐
問22	2	会　計	☐☐☐
問23	4	修　繕	☐☐☐
問24	4	更　新	☐☐☐
問25	1	定期建物賃貸借	☐☐☐

問題番号	正解	項　目	Check
問26	4	転貸借	☐☐☐
問27	3	賃貸人の地位の移転	☐☐☐
問28	3	保　証	☐☐☐
問29	1	賃貸住宅の意味	☐☐☐
問30	4	登録拒否事由	☐☐☐
問31	2	管理業法の適用	☐☐☐
問32	2	管理業者の監督	☐☐☐
問33	4	特定転貸事業者	☐☐☐
問34	2	誇大広告等の禁止	☐☐☐
問35	3	不当な勧誘等の禁止	☐☐☐
問36	3	不当な勧誘等の禁止	☐☐☐
問37	2	特定賃貸借契約重要事項説明	☐☐☐
問38	4	特定賃貸借契約重要事項説明	☐☐☐
問39	1	特定賃貸借契約重要事項説明	☐☐☐
問40	2	特定賃貸借標準契約書	☐☐☐
問41	1	特定転貸事業者等への罰則	☐☐☐
問42	3	賃貸不動産経営管理士	☐☐☐
問43	3	障害者差別解消法	☐☐☐
問44	4	個人情報保護法	☐☐☐
問45	1	建設業法	☐☐☐
問46	3	家電リサイクル法	☐☐☐
問47	3	相続登記の義務化	☐☐☐
問48	4	固定資産税	☐☐☐
問49	1	地震保険	☐☐☐
問50	1	不動産の証券化	☐☐☐

賃貸住宅管理業者が管理受託契約を締結する場合、管理業務を委託しようとする賃貸住宅の賃貸人が、次の①～⑧であるときには、重要事項説明は不要となる（法13条1項かっこ書、規則30条1号～8号）。

基本テキスト
1編2章①

① 賃貸住宅管理業者
② 特定転貸事業者
③ 宅地建物取引業者（宅地建物取引業者とみなされる信託会社、登録投資法人、特例事業者を含む）
④ 特定目的会社
⑤ 組合（組合員の間で不動産特定共同事業契約が締結されている場合）
⑥ 賃貸住宅に係る信託の受託者（委託者等が上記①～④のいずれかに該当する場合に限る）
⑦ 独立行政法人都市再生機構
⑧ 地方住宅供給公社

1　誤り。委託者となる相手方が**特定転貸事業者**であるときには、重要事項説明を行わなくてもよい。

2　誤り。単に「**資本金が1億円を超える株式会社**」であるときには、①～⑧のいずれにもあてはまらないので、重要事項説明を行わなければならない。

3　誤り。公益社団法人は、①～⑧のいずれにもあてはまらない。したがって、重要事項説明を行わなければならない。

4　正しい。⑤のとおり、**委託者となる相手方が組合**であって、組合員の間で不動産特定共同事業契約が締結されている場合は、重要事項説明を行わなくてもよい（規則30条5号、2条5号）。

問2 管理受託契約重要事項説明 　　正解 **2**

1　適切。新規契約の重要事項説明については、電話による重要事項説明は認められない（FAQ集3（2）No.10）。

基本テキスト
1編2章③
1編2章④

2　最も不適切。新規契約の重要事項説明については、相手方が承諾をしているかどうかを問わず、**メールによる重要事項説明は認められない**（FAQ集3（2）No.10）。

3　適切。変更契約の重要事項説明については、①～④の要件をみたしている場合には、**電話による重要事項説明をすることが認められる**（「解釈・運用の考え方」13条関係4（3）、FAQ集3（2）No.10）。

　① 事前に管理受託契約変更契約の重要事項説明書等を送付し、その送付から一定期間後に説明を実施するなどして、賃貸人が変更契約締結の判断を行うまでに十分な時間をとること
　② 賃貸人から賃貸住宅管理業者に対し、電話により管理受託契約変更契約の重要事項説明を行ってほしいとの依頼があること
　③ 賃貸人が、管理受託契約変更契約の重要事項説明書等を確認しながら説明を受けることができる状態にあることについて、賃貸住宅管理業者が重要事項説明を開始する

前に確認していること

④ 賃貸人が、電話による説明をもって当該管理受託契約変更契約の重要事項説明の内容を理解したことについて、賃貸住宅管理業者が重要事項説明を行った後に確認していること

4 **適切。**テレビ会議等のITを活用して重要事項説明を行うためには、管理受託契約重要事項説明を受けようとする者が承諾した場合を除き、管理受託契約重要事項説明書および添付書類をあらかじめ送付していることが必要である（「解釈・運用の考え方」13条関係4（2））。管理受託契約重要事項説明を受けようとする者が**承諾した場合には、あらかじめの送付をしておかなくても、説明をすることが許される。**

類題 R3 問3（過去問題集p44参照）

問3 賃貸住宅標準管理受託契約書

正解 1

標準管理受託契約書14条には、代理権の授与に関し、「管理業者は、管理業務のうち次の各号に掲げる業務について、委託者を代理するものとする。ただし、管理業者は、**第四号から第六号までに掲げる業務を実施する場合には、その内容について事前に委託者と協議し、承諾を求めなければならない。**

一 敷金、その他一時金、家賃、共益費（管理費）及び附属施設使用料の徴収
二 未収金の督促
三 賃貸借契約に基づいて行われる入居者から委託者への通知の受領
四 賃貸借契約の更新
五 修繕の費用負担についての入居者との協議
六 賃貸借契約の終了に伴う原状回復についての入居者との協議」

と定められている。

基本テキスト
1編4章②

1 **誤り。**管理業者が借主に対して**未収金を督促する**については、事前に委託者と協議し、承諾を求めることは必要とされていない（2号）。

2 **正しい。**借主との**賃貸借契約の更新**は、管理業者が事前に委託者と協議し、承諾を求めなければならない行為である（4号）。

3 **正しい。修繕の費用負担について入居者と協議をすること**は、管理業者が事前に委託者と協議し、承諾を求めなければならない行為である（5号）。

4 **正しい。賃貸借契約の終了に伴う原状回復について入居者との協議をすること**は、管理業者が事前に委託者と協議し、承諾を求めなければならない行為である（6号）。

類題 R3 問5（過去問題集p52参照）

問4 委任全般

正解 1

1 **誤り。**受任者は、委任事務を処理するにあたって必要な費用を立て替えた場合にその立替え費用を請求することができるだけではなく、これから行う委任事務を処理するために必要な費用についても、**その費用の前払いを請求することができる**（民法649条）。

基本テキスト
1編1章◆⑦
1編1章◆⑧

2 **正しい。**受任者は、委任事務を処理するのに必要と認められる費用を支出したときは、

委任者に対し、**その費用および支出の日以後におけるその利息の償還**を請求することができる（民法650条1項）。

3 **正しい。**各当事者はいつでも委任契約を解除することができるが、相手方に不利な時期に解除した場合は、その損害を賠償しなければならない。ただし、**やむを得ない事由があるとき**には、損害を賠償することを要しない（民法651条2項はしら書・1号）。

4 **正しい。委任者の履益だけでなく、受任者の利益をも目的とする委任が解除された場合、**委任者は受任者の損害を賠償しなければならないが、**受任者の利益が専ら報酬を得ることを目的としている場合**には損害賠償の義務はない（民法651条2項はしら書・2号かっこ書）。

問5 請 負

正解 1

基本テキスト
1編1章❷①
1編1章❷②
6編4章❾③

1 **最も適切。**請負契約とは、当事者の一方（請負人）がある仕事を完成することを約し、相手方（注文者）がその仕事の結果に対して**報酬（請負代金）を支払うことを約すること**によって、効力が生じる契約である（民法632条）。報酬（請負代金）を支払うこととする場合でなければ、請負契約は成立しない。

2 **不適切。**報酬は、仕事の成果に対して支払われるものであって、**仕事の完成は報酬支払との関係では先履行である。**報酬の支払いと同時でなければ仕事を完成しないという主張をすることはできない。なお、仕事の目的物の引渡しは、報酬の支払いと同時に支払わなければならないものとされており（民法633条本文）、請負人は、報酬の支払いと同時でなければ目的物を引き渡さないという主張はすることができる。

3 **不適切。**委任は法律行為または事実行為をするという事務処理の委託であって、**仕事の結果は問題とされない**（民法643条）。請負では仕事の結果を生み出すことが必要とされており（同法632条）、委任と請負は性格が異なっている。

4 **不適切。**形式的には請負契約ではあるけれども、実態としては労働者派遣であるものを「偽装請負」といい、**労働関連法令を遵守していなければ、違法行為である。**労働者の側からみて、自分の使用者からではなく、発注者から直接業務の指示や命令をされるといった場合、偽装請負である可能性が高くなる。

問6 相隣関係

正解 1

基本テキスト
2編1章❶④

土地の所有者は、隣地の竹木の枝が境界線を越えるときは、その竹木の所有者に、その枝を切除させることができる（民法233条1項）が、さらに①～③にあたるときは、土地の所有者は、その枝を切り取ることができる（民法233条3項）。
① 竹木の所有者に枝を切除するよう**催告したにもかかわらず**、竹木の所有者が相当の期間内に切除しないとき
② 竹木の**所有者を知ることができず**、またはその所在を知ることができないとき
③ **急迫の事情があるとき**

ア **正しい。**本肢は①にあたる場合だから、土地の所有者は、枝を切り取ることができる。

イ　誤り。本肢は②にあたる場合だから、土地の所有者は、竹木の所有者の承諾を得ずに、また公示送達の手続きを行わなくても、枝を切り取ることができる。

ウ　誤り。土地の所有者には、一～三の目的のため必要な範囲内で、隣地の使用が認められる（民法209条1項本文）。
　　一　境界またはその付近における障壁、建物その他の工作物の築造、収去または修繕
　　二　境界標の調査または境界に関する測量
　　三　**境界線を越える枝の切取りが許される場合の枝の切取り**
　　本肢は三にあたる場合だから、土地の所有者は、隣地の所有者の承諾を得なくても、枝を切り取るために隣地に立ち入ることができる。

エ　誤り。隣地の竹木の根については、枝の場合と扱いが異なっており、根が境界線を越えるときは、**竹木の所有者の承諾を得なくても、その根を切り取ることが認められる**（民法233条4項）。

　　なお、枝の場合には、原則として竹木の所有者の承諾なく枝を切り取ることはできない、ただし例外的に肢1の説明の①～③にあたる場合には承諾なく枝を切り取ることができる、という規程となっている。

　　以上により、正しいものはアの1つであり、**正解は1**となる。

問7　工作物責任

正解 1

1　**最も不適切。**土地の工作物の設置または保存に瑕疵があることによって他人に損害を生じたときは、工作物の**占有者**は、被害者に対して**その損害を賠償する責任を負う**（民法717条1項本文）。ただし、**占有者が損害の発生を防止するのに必要な注意をしたときは、所有者がその損害を賠償しなければならない**（民法717条1項ただし書）。一次的に責任を負うのが占有者、二次的に占有者が損害発生防止に必要な注意をしたときに責任を負うのが所有者である。なお、所有者の責任は無過失責任だが、占有者の責任は無過失ではない。

基本テキスト
2編1章◆⑤

2　**適切。**工作物責任において、一次的に責任を負う占有者は、土地上の工作物について、事実上支配をしている者である。工作物に関して、瑕疵を修補して損害を防止する立場にあった人が占有者になる。建物の管理を行う管理業者が、**建物の安全確保についての事実上の支配をしているならば**、建物に起因して事故が起こり、損害が発生した場合には、管理業者が占有者にあたり、工作物責任を負う。

3　**適切。**建設業者が損害賠償責任を負うとしても、**所有者または占有者の工作物責任は否定されない**。建物に建築基準法違反があることは工作物の瑕疵である。この工作物の瑕疵によって他人に損害を生じたときには、建物の所有者または占有者が工作物責任を負う。建設業者が損害賠償責任を負う場合であっても、建設業者とともに、所有者または占有者も責任を負う。

4　**適切。**土地の工作物とは、建物など人工的作業によって土地に接着して設置された物である（大判大正元.12.6）。建物内の設備であっても、**建物とともに土地に接着して設置されていれば、工作物となる**（東京高判平成3.11.26）。工作物責任は占有者または所有者が負う。マンションに備え付けられた消火器が工作物とされた例がある（大阪地判平成6.8.19）。

類題 R3 問8（過去問題集p84参照）

60

問8 明渡しの強制執行

正解 **3**

1　正しい。賃貸借契約が終了しても任意に明渡しがされない場合の強制的な明渡しは、国家の機関による強制的な権利実現手続によって行う。これが明渡しの強制執行である。強制執行を行うためには、①債務名義、②債務名義の送達、③執行文の付与の３つが要件となる。

基本テキスト
2編1章❸③

2　正しい。公正証書（強制執行認諾文言付き）は、金銭債務を実現させる強制執行のためには債務名義となる。しかし、明渡しを実現させるための強制執行においては、**債務名義としては認められない**。強制執行認諾文言が付されていても、公正証書によって明渡しの強制執行を行うことはできない。

3　誤り。判決は裁判所が職権で送達し、和解調書と調停調書は、**当事者の申請によって裁判所書記官が送達する**。判決の場合には裁判所の職権によって送達が行われるが、和解調書と調停調書については、職権で送達されることはなく、当事者の申請に基づいて行われる。

4　正しい。強制執行を行うには、債務名義に執行文の付与を受けることが必要である。執行文は、**裁判所書記官または公証人が強制執行をしてもよいということを認める書類**である。

✎ 類題 R1 問27（過去問題集p76参照）

問9 委託者への報告

正解 **4**

1　誤り。賃貸住宅管理業者が、管理業務報告書によって委託者に報告すべき事項は、①報告の対象となる期間、②管理業務の実施状況、③管理業務の対象となる賃貸住宅の入居者からの苦情の発生状況および対応状況、の３つである（法20条、規則40条１項１号～３号）。この場合の②の**管理業務の報告対象**は、法２条２項に基づく管理業務に限らず、賃貸人と賃貸住宅管理業者が締結する**管理受託契約における委託業務の全て**である（「解釈・運用の考え方」20条関係1 （1））。

基本テキスト
2編1章❹②

2　誤り。入居者からの苦情の発生状況および対応状況は報告対象であるが（規則40条１項３号）、**苦情を伴わない単純な問合せは報告事項には含まれない**（「解釈・運用の考え方」20条関係1 （2））。

3　誤り。入居者は、賃貸人に対する苦情を管理業者を通じて申し出ているため、苦情を申し出た者の属性を報告することは、通常はプライバシーの侵害にはならないと考えられる。なお、入居者からの苦情の発生状況および対応状況については、**苦情の発生した日時、苦情を申し出た者の属性、苦情内容、苦情への対応状況等**について、把握可能な限り記録し、報告することが必要とされる（「解釈・運用の考え方」20条関係1 （2））。

4　正しい。定期報告が義務付けられている事項は、「報告の対象となる期間」「管理業務の実施状況」、「入居者からの苦情の発生状況」の３つである（規則40条１項１号～３号、FAQ集3 （3）No.13）。定期報告の対象となる事項には、「家賃等金銭の収受状況」は含まれていない。

✎ 類題 R5 問8（過去問題集p88参照）

問10 定期調査・検査 　正解 2

ア　正しい。建物の所有者または管理者には、建築基準法に基づいて、特定建築物、防火設備、建築設備、昇降機等について、資格者に定期調査・検査を行わせ、**特定行政庁に報告する義務がある**。

基本テキスト
2編2章②

イ　正しい。建築基準法上、特定建築物については定期調査・検査を行い、これを報告する義務が課される。共同住宅の場合には、**一定規模を超えた場合にはじめて特定建築物**になる。なお、特定建築物にあたる建築物は、多くの人が利用するデパート、ホテル、病院、共同住宅などである。

ウ　誤り。共同住宅の定期調査報告の頻度は、**3年に1回**とされている。

エ　誤り。エレベーターの定期検査報告の頻度は、**1年に1回**とされている。

以上により、誤っているものはウ、エの2つであり、正解は2となる。

類題 R3 問15（過去問題集p92参照）

問11 原状回復 　正解 3

1　不適切。借主が通常の住まい方、使い方をしていても発生すると考えられる。Aにあてはまる。

基本テキスト
2編3章②
2編3章④
2編3章⑤

2　不適切。借主が通常の住まい方、使い方をしていても発生すると考えられる。Aにあてはまる。

3　最も適切。ポスターやカレンダー等の掲示のための壁等の画鋲の穴は、**通常の使用によって生じるものであり、貸主負担となるのでAにあてはまる**。なお、釘やねじを使って壁等の釘穴、ねじ穴をあけた場合には、深く、範囲も広いため、通常の使用によって生じるものではない（つまりBにあてはまる）とされることが多いと考えられている。

4　不適切。借主の住まい方、使い方次第で発生したりしなかったりすると考えられる。Bにあてはまる。

問12 原状回復 　正解 2

1　不適切。最高裁平成17年12月16日判決では、「**賃借物件の損耗の発生は、賃貸借という契約の本質上、当然に予定されているものである**」とされている。

基本テキスト
2編3章⑧

2　適切。本肢のとおり論じられている。

3　不適切。判決では、「建物の借主にその賃貸借において生ずる通常損耗についての原状回復義務を負わせるのは、**借主に予期しない特別の負担を課すことになる**」とされている。

4　不適切。判決では、「借主が補修費用を負担することになる通常損耗の範囲が賃貸借契

約書では明らかでない場合には、貸主が口頭により説明し、借主がその旨を明確に認識し、それを合意の内容としたものと認められるなど、**通常損耗補修特約が明確に合意されていることが必要である**」とされている。すなわち、借主が負担する通常損耗の範囲が賃貸借契約書では明らかでない場合であっても、通常損耗補修特約が肯定される場合があるというのが最高裁の考え方である。

✎ 類題 R1 問21（過去問題集p116参照）

問13 消火器

正解 2

基本テキスト
2編4章❸①

ア　**不適切**。住宅用消火器の設計標準使用期限はおおむね5年であるが、**詰め替えはできない構造**となっている。

イ　**適切**。業務用消火器の設計標準使用期限は、**おおむね10年**である。

ウ　**適切**。製造物責任法では**8年サイクル**で交換することが指導されている。なお、製造物責任法は商品の欠陥による負傷や火災の発生をもたらした場合の損害賠償義務を定める法律である。

以上により、不適切なものはアの1つであり、正解は2となる。

✎ 類題 H29 問31（過去問題集p156参照）

問14 避難、採光

正解 2

基本テキスト
2編4章❸②

ア　**適切**。避難通路を設けても、火災時に停電してしまうと、避難をすることができない。そこで、外気に開放された部分を除いて、廊下や階段が地上に至る避難通路となる場合には、**非常用照明を設置しなければならない**ものとされている。

イ　**不適切**。内装材料は、**既存建物に内部造作を設置する工事を行う場合**にも制限される。

ウ　**不適切**。居住のための居室には、床面積の1/7以上の開口部が必要である。そしてこの採光規定については、**有効な照明設備が設置されているなどの措置がとられている場合**には、開口部は居室の面積の1/10の範囲まで緩和することが認められている。緩和措置を受けるためには、有効な照明設備が設置されるなどの措置が講じられていなければならない。

以上により、不適切なものはイとウの2つであり、正解は2となる。

✎ 類題 R4 問13（過去問題集p148参照）

問15 換気、シックハウス

正解 3

基本テキスト
2編6章②

1　**適切**。住宅用の建築物を含むすべての建築物の居室には、技術基準に従った換気設備または床面積の1/20以上の換気に有効な開口部が必要とされている（便所などは除かれる）。襖など常に開放できるもので間仕切られた2つの居室は、換気の規定上は1室とみなすことができる。

2　適切。ホルムアルデヒドを発散する建築材料は、発散速度性能に応じて強い順に第1種から第3種および規制対象外まで4つの種別に区分され、居室の内装仕上げ材として使用面積の制限等が規定されている。規制対象外とされた場合には、**仕上げには使用制限がなく、**「F☆☆☆☆（エフ・フォースター）」という大臣認定のシックハウス対策ラベルが建築材料に貼られる。

3　**最も不適切。**換気量は、**一般の居室で0.5回／h以上**（1時間にその部屋の空気が0.5回、すなわち半分以上が新しい空気と入れ替わるという意味）が必要とされる。廊下や便所で必要とされる換気量は、0.3回／h以上である。

4　適切。**給気を自然換気で行い、排気を機械換気**で行う方式が、第3種換気方式である。第3種換気方式では、給気が十分でないのに排気だけ機械で行うと室内が負圧になり、ドアや窓の開閉が困難になったり、風切り音が発生するという障害が生じることから、給気の確保がより重要になる。

✎ 類題 R3 問19（過去問題集p182参照）

問16　給　水

正解 4

基本テキスト
2編7章①

1　不適切。賃貸住宅の各住戸に水を供給する方式には、水道事業者から直接に各住戸に給水する方式と、建物所有者が水道事業者から敷地内（第一止水栓）で水を受け取り、各住戸に給水する方式がある。第一止水栓は、建物所有者が水道事業者から**敷地内で最初に水を受け取るところ**である。

2　不適切。飲料用水槽については、給水タンク等の天井、底または周壁は、**建物の躯体と兼用してはならない**（昭和50年建設省告示1597号1 第二号。六面点検といわれる）。六面点検が必要とされるのは、水槽内の水の汚染を調査できるようにするためである。

3　不適切。大容量の受水槽では、**定水位弁**という装置（主弁と副弁（パイロット弁）からなり、副弁の開閉により主弁を動作させる仕組み）で、液面を制御している。

4　適切。受水槽の水面が常に適量であるように調節することを**液面制御**という。液面制御（吐出水量を制御）は、小規模受水槽では、ボールタップ（浮子、フロート）の浮力で弁の開閉を行う方法が使われる。なお、ボールタップに替え、液面制御リレーと電極棒で定水位弁を制御する方式が使われることもある。

✎ 類題 R3 問18（過去問題集p190参照）

問17　排　水

正解 1

基本テキスト
2編7章③

1　**最も不適切。破封**とは、トラップ内の封水がなくなることである。破封の状態になると、悪臭が発生したり、排水に支障を生ずることになる。
　はね出し作用とは、立て管内に多量の排出があったときに、圧力によって器具トラップの封水が器具内に吹き出し、破封することをいう。はね出し作用は、破封の原因となる。

2　適切。水を隙間なく満たした管を利用して、液体をある地点（高い地点）から別の地点（低い地点）まで移動させることを**サイホン作用**という。サイホン作用によって、排水管に空気がなくなって水が充満し、排水終了時に封水も排水管内に吸引される状況（自己サイホ

ン作用）などが生じ、破封の原因となることがある。なお、破封の原因としては、はね出し作用、サイホン作用のほか、封水の蒸発、毛細管現象（髪の毛や糸くずによる）がある。

3　適切。隔壁トラップは、非サイホン式のトラップであり、キッチンや浴室、防水パンなどに使用される。ドラムトラップは、隔壁トラップのひとつであり、封水の安定度が高いとされている。

4　適切。管トラップはサイホン式トラップともいわれる。その形状により、Ｓトラップ、Ｕトラップ、Ｐトラップの３つに分類される。管トラップは、手洗いや洗面台などに使用されている。

✎ 類題 R1 問31（過去問題集p202参照）

問18　ガス設備

正解 2

基本テキスト
2編8章❷

1　**不適切。**ＬＰガス小売供給事業は、70戸以上の集合住宅に**導管で**ガスを供給・販売する事業である。ボンベに詰めたプロパンガスを一般の住宅や集合住宅に配送して供給・販売する事業は、ＬＰガス販売事業である。

2　**最も適切。**ＬＰガス小売供給事業は、**70戸以上の集合住宅**に導管でガスを供給・販売する事業である。供給・販売する対象住宅の数は、70戸以上として、最低限度が決められている。

3　**不適切。**ＬＰガス販売事業では、**ボンベに詰めたプロパンガスが配送される**。導管を通じて供給・販売されるものではない。

4　**不適切。**ＬＰガス販売事業は、ボンベに詰めたプロパンガスを**一般の住宅や集合住宅に配送して供給・販売する事業**であり、戸建て住宅に限らず、集合住宅もその配送先になる。

✎ 類題 R4 問19（過去問題集p208参照）

問19　避雷設備

正解 4

基本テキスト
2編8章❹

1　**不適切。**雷撃から保護するために避雷設備を設置しなければならないのは高さが**20mを超える建築物・工作物**である（建築基準法33条）。31mを超えなくても、20mを超えれば、避雷設備の設置義務がある。なお、周囲の状況によって安全上支障がない場合には、避雷針は不要とされている。

2　**不適切。**避雷設備には、外部雷保護システムと内部雷保護システムがある。外部雷保護システムは、建物の保護を目的とするものであり、避雷針は建物を雷害から守るための外部雷保護システムのひとつである。避雷針は**建物の保護を目的とする外部雷保護のための仕組み**だが、停電や電気機器の故障を防止することはできない。

3　**不適切。**雷は有害な過電圧や過電流（雷サージ電流）を発生させ、雷サージ電流は、電力線や通信線の引込み線から侵入する。雷サージ電流による電気機器の絶縁破壊や誤作動・劣化などは**数km離れた場所にも及ぶ**。

4　**適切。**内部雷保護システムとしての雷保護用等電位ボンディングは、ボンディング用バーと金属構造体や電力引込み線および通信線などを、ボンディング導体を用いて接続し、**雷撃時に発生する導電性部分間の電位差を低減するもの**であり、ボンディング用バーは、屋

外から屋内に引き込む電力線や通信線などの引込み口の近くに設置させる必要がある。

　なお、内部雷保護システムとしては、雷保護用等電位ボンディングのほかに、サージ防護デバイスも用いられる。サージ防護デバイスは、想定される雷電流、保護する機器の過電圧耐量などに適合した性能を有するものであって、電力線および通信線の引込み口の近傍に設置する。

問20 弁済供託

正解 **2**

基本テキスト
3編1章❶③

ア　誤り。供託は債務者が賃料支払義務を免れるための手段である。供託は、①受領拒絶、②受領不能、③債権者不確知の３つの場合に認められる（民法494条）。貸主が賃料を受け取ることができない場合には**受領不能**であって、供託をすることで賃料支払義務は免れる。

イ　正しい。借主が**賃料について弁済の提供をすれば、借主は債務不履行責任を免れる**。なお、貸主が賃料を受け取らなければ、借主が賃料の支払いを提供しただけでは、借主は賃料の支払義務は免れないのであって、借主が賃料の支払義務を免れるには供託をする必要がある。

ウ　正しい。民法には「供託をした者は、**遅滞なく、債権者に供託の通知をしなければならない**」と定められている（同法495条３項）。

エ　誤り。賃料の増額請求権が行使され、**借主が増額を拒むことは供託事由とはならない**から、借主が賃料を供託することはできない。

　以上により、正しいものはイ、ウの２つであり、正解は２となる。

✎ **類題** R2 問21（過去問題集p218参照）

問21 賃料増減請求

正解 **3**

基本テキスト
3編1章❷

1　正しい。賃貸人が賃料増額請求を行った後に賃料の増額について当事者間に協議が調わないときは、賃借人は、**増額を正当とする裁判が確定するまでは、相当と認める額の建物の賃料を支払うことをもって足りる**（借地借家法32条２項本文）。賃借人が相当と認める額の建物の賃料を支払っていれば、裁判所によって決定された額と比べて不足があっても、賃料不払によって契約を解除されることはない。

2　正しい。賃借人は、増額を正当とする裁判が確定するまでは、相当と認める額の建物の賃料を支払えば債務不履行にはならないが（借地借家法32条２項本文）、裁判が確定してすでに支払った額に不足があるときは、**その不足額に年１割の割合による支払期後の利息を付してこれを支払わなければならない**（同項ただし書）。

3　誤り。裁判が確定した場合において、すでに支払った額が過払いとなるときは、賃貸人は賃借人に過払額を返還しなければならない。その場合、支払時から返還時までの**過払額に付される利息は法定の利率となる**（東京高判平成24.11.28）。賃借人の支払いに不足がある場合の不足額の支払いには年１割の利息が付されるが（肢２の場合）、賃借人の支払いが過払いとなっている場合には、年１割の利息は付されず、原則のとおり法定利息が付されることになる。

4　正しい。賃料の減額について当事者間に協議が調わないときは、賃貸人は、減額を正当とする裁判が確定するまでは、相当と認める額の建物の借賃の支払いを請求することができる（借地借家法32条3項本文）。ただし、その裁判が確定した場合において、すでに支払いを受けた額が裁判で正当とされた建物の借賃の額を超えるときは、その超過額に年1割の割合による利息を付してこれを返還しなければならない（同項ただし書）。

✎ 類題 R2 問35（過去問題集p226参照）

問22 会 計

正解2

基本テキスト
3編3章❶②

正しい文章は、下記の通り。

管理業者は、賃借人から賃料150,000円を受領したときに、会計帳簿の［**ア：借方**］に預金150,000、［**イ：貸方**］に預かり賃料150,000と記帳し、管理報酬15,000円を差し引いてオーナーに135,000円を支払ったときに、会計帳簿の［**ウ：借方**］に預かり賃料150,000、［**エ：貸方**］に預金135,000、管理報酬15,000と記帳した。

以上により、正解は2となる。

問23 修 繕

正解4

基本テキスト
4編2章❶②

1　正しい。修繕が**不可抗力**によって必要となった場合でも、**貸主**には修繕義務がある。

2　正しい。借主が雨漏りの修繕をした場合の修繕費用は**必要費**である。必要費の償還請求は、賃貸借契約終了を待たずして、**借主が必要費を支出したときに直ちに貸主に対して請求する**ことができる。

3　正しい。借主には、賃借物を用法に従って使用する義務（用法遵守義務）がある。この用法遵守義務に違反して貸主に損害を与えた場合には、債務不履行による損害賠償義務を負うが、この場合の貸主の損害賠償請求は、賃借物の**返還を受けた時から1年以内に請求**しなければならない（民法622条、600条1項）。

4　誤り。貸主から借主に対する用法遵守義務違反による損害賠償の請求権については、貸主が**返還を受けた時から1年を経過するまでの間は、時効は完成しない**（民法622条、600条2項）。

✎ 類題 R5 問23（過去問題集p260参照）

問24 更 新

正解4

基本テキスト
4編3章❶①
4編3章❶②

ア　誤り。賃貸借契約が法定更新された場合、当事者間で新たに契約期間の定めをしない限り、**期間の定めがない賃貸借契約になる**（借地借家法26条1項ただし書）。

イ　誤り。立退料は、そのほかの要因によって正当事由がある程度は認められるが、十分ではないというケースにおける**補完要因にすぎない**。立退料以外に正当事由が認められる要

因がない場合に、立退料だけで正当事由が肯定されることはない。

ウ　誤り。本来、正当事由は更新拒絶の時点に存在し、かつこれが6か月間持続することを要する。しかし、更新拒絶の通知時点では正当事由が存在しないケースにおいて、**通知後に事情が変わり正当事由が具備され、その状態が6か月間持続した場合**、解約の効果が生じる（最判昭和41.11.10）。

以上により、誤っているものはア、イ、ウの3つであり、正解は4となる。

✎ 類題 H29 問20（過去問題集p278参照）

問25 定期建物賃貸借

正解 1

ア　正しい。定期建物賃貸借契約では、居住用の賃貸借であって、賃貸借の対象となる**建物の床面積が200㎡未満**であり、かつ、賃借人にやむを得ない事情がある場合は、賃借人からの契約期間中の中途解約が認められる（借地借家法38条7項前段）。この解約申入れを行うには、面積の制約がある。建物の面積が200㎡以上の場合には、解約申入れは認められない。

基本テキスト
4編4章③

イ　正しい。**賃借人が期間内に解約申入を行う権利は特約で排除することはできない**（借地借家法38条8項）。やむを得ない事情がある場合における賃借人保護を図る趣旨から、賃借人が期間内の解約申入を行う権利を排除する特約を設けたとしても、その特約の効力は認められないものとされている。

ウ　正しい。建物の賃貸借は、解約の申入れの日から**1か月**を経過することによって終了すると定められている（借地借家法38条7項後段）。

以上により、誤っているものはなく、正解は1となる。

問26 転貸借

正解 4

1　正しい。賃貸住宅の所有者と入居者（転借人）には契約関係は生じないのであり、サブリース業者が賃貸住宅の所有者の代理人になるわけではない。サブリース方式の管理では、**賃貸住宅の所有者との関係ではサブリース業者が借主**となり、**入居者（転借人）との関係ではサブリース業者が貸主（転貸人）になる**という形式でサブリース事業が行われる。

基本テキスト
4編5章①～④

2　正しい。借主が適法に賃借物を転貸したときは、転借人は、貸主と借主との間の賃貸借契約に基づく**借主の債務の範囲を限度として、貸主に対して転貸借に基づく債務を直接履行する義務を負う**（民法613条1項前段）。
　「賃貸住宅の所有者とサブリース業者との間の賃貸借に基づくサブリース業者の債務の範囲を限度として」とは、たとえば、賃貸住宅の所有者とサブリース業者との間の賃貸借契約の賃料が10万円で、サブリース業者と入居者（転借人）との転貸借契約の賃料が15万円であった場合、賃貸住宅の所有者が入居者（転借人）に対して請求できる賃料は、賃貸借契約の賃料と転貸借契約の賃料とを比較して低いほうの額である10万円となるという意味である。

3　正しい。原賃貸借契約が期間満了により終了する場合、原賃貸人は原賃貸借契約の終了

を転借人に通知しなければ、原賃貸借契約の終了を転借人に対抗することができないが、**通知をすれば、通知後6か月を経過することによって**転貸借は終了する（借地借家法34条1項・2項）。

4　誤り。貸主の更新拒絶における正当事由の判断には、借主の事情に加えて、**転借人の事情も考慮される**（借地借家法28条かっこ書）。賃貸住宅の所有者が、サブリース方式の管理を行うために管理業者との間で賃貸借契約を締結している場合、貸主の更新拒絶における正当事由の判断には、入居者（転借人）の事情が考慮される。

✎ 類題 R2 問11（過去問題集p314参照）

問27　賃貸人の地位の移転

正解 3

📖 基本テキスト
4編6章③

1　誤り。賃借人が建物の引渡しを受けていれば、その後、賃貸人の債権者が建物を差し押さえ、建物が競売にかけられ、買受人に建物の所有権が移転しても、賃借人は買受人に対して賃借権を対抗することができる。

2　誤り。賃借人が建物の引渡しを受けていれば、**買受人が賃貸人の地位を承継することになり、敷金についても当然に買受人が引き継ぐことになる。**

3　正しい。抵当権設定の登記がされた後に賃貸借契約が締結され、賃借人が建物の引渡しを受けたときには、賃借人は賃借権を買受人に対抗することはできない。抵当権の実行が引渡しの後であった場合にも、対抗関係判断の基準は、**抵当権の登記と建物の引渡しの先後によることになるから、**賃借人が賃借権を買受人に対抗できないという結論に影響しない。

4　誤り。抵当権者に対抗することができない賃貸借により抵当権の目的である建物を使用する者であって、**競売手続の開始前からこれを使用する者**であれば、その建物の競売における買受人の**買受けの時から6か月を経過するまでは、**建物を買受人に明け渡す必要はない（建物明渡猶予。民法395条1項）。滞納処分により差し押さえられた後に使用を始めたものであっても、保護を受ける（最判平成30. 4.17）。

✎ 類題 R5 問26（過去問題集p326参照）

問28　保　証

正解 3

📖 基本テキスト
4編7章⑥

　保証には、特定の債務を保証するものと、不特定の債務を保証するものがある。一定の範囲に属する不特定の債務を主たる債務とする保証を根保証という（民法465条の2第2項）。根保証は、継続する取引関係から生じ、時の経過とともに増減変動する不特定の債務を主たる債務の被担保債権として保証するものである。

　根保証において、一定の時点で主たる債務を特定させることを、元本の確定という。元本の確定によって、その時点の債務が保証の対象となり、その後に生じた債務は保証の対象ではなくなる。

　賃貸借の保証は、根保証である。賃貸借の保証では、保証人が金銭の支払いを目的とする債権について①保証人の財産に対して強制執行・担保権の実行を申し立てられた場合、②保証人に破産手続の開始決定があった場合、③賃借人または保証人が死亡した場合には、保証の対象はその時点で元本が確定し（保証の対象がその時点の賃借人の債務に確定し）、その後に発生する賃借人の債務は、保証の対象ではなくなる。

【解答・解説】第3回

イ　元本確定事由にならない。③賃借人の死亡は元本の確定事由になるが、**賃貸人が死亡し**たことは、元本の確定事由にはならない。

ロ　元本確定事由になる。③保証人が死亡した場合には、賃借人が死亡した場合などと同様に、元本の確定事由になる。

ハ　元本確定事由にならない。根保証においては、**主たる債務者の財産について強制執行・担保権の実行を申し立てられたことは、元本の確定事由とはされていない**。賃貸借契約でも、主たる債務者である賃借人の財産についての強制執行の申立てがなされても、元本は確定しない。

　なお、根保証においては、主たる債務者について破産手続き開始決定がなされたことも、元本の確定事由とはされていない。

以上により、元本確定事由にならないものはイ、ハの２つであり、正解は３となる。

類題 R4 問27（過去問題集p336参照）

問29　賃貸住宅の意味

正解 1

基本テキスト
5編1章❷①

ア　正しい。いわゆるマンスリーマンションやウィークリーマンションは、賃貸住宅になる場合とならない場合がある。利用者の滞在期間が長期に及ぶなど**生活の本拠として使用される**ことが予定されていれば、賃貸住宅に該当する（「解釈・運用の考え方」２条１項関係２（２））。

イ　誤り。いわゆるウィークリーマンションが旅館業法による許可を受け、**旅館業として宿泊料を受けて人を宿泊させていれば、賃貸住宅にはあたらない**（「解釈・運用の考え方」２条１項関係２（２））。

ウ　誤り。いわゆる特区民泊の対象となる住宅（国家戦略特別区域法による認定に係る施設である住宅）については、現に人が宿泊しているか、または現に宿泊の予約や募集が行われている状態であれば、**賃貸住宅から除外される**（法２条１項ただし書、規則１条２号、「解釈・運用の考え方」２条１項関係２（１））。

エ　誤り。いわゆる民泊法による民泊の対象となる住宅（住宅宿泊事業法の規定による届出に係る住宅）については、**民泊事業の用に供されていれば賃貸住宅から除外され**、民泊事業の用に供されていなければ、賃貸住宅から除外されない（法２条１項ただし書、規則１条３号、「解釈・運用の考え方」２条１項関係２（１））。

以上により、正しいものはアの１つであり、正解は１となる。

問30　登録拒否事由

正解 4

基本テキスト
5編2章❶④

1　正しい。役員の中に、破産手続開始の決定を受けて復権を得ていない者がいる場合には、登録は拒否されるが、その役員が**復権を得ていれば、登録は拒否されない**（法６条１項８号・２号）。

2　正しい。科料は禁錮以上の刑にはあたらない（法６条１項８号・４号）。禁錮以上の刑に

処せられ、その執行を終わり、または執行を受けることがなくなった日から5年を経過しない場合には登録は拒否されるが、禁錮以上の刑ではなく、科料に処せられていたにすぎないときには、登録は拒否されない。

3　正しい。役員の中に、**賃貸住宅管理業法以外の違反行為**により罰金の刑に処せられた者がいることは、欠格事由ではない。なお、賃貸住宅管理業法に違反したことにより、罰金の刑に処せられ、その刑の執行が終わった日から5年を経過しない者がいる場合には、登録は拒否される（法6条1項8号・4号）。

4　誤り。役員の中に、刑法第204条（傷害）の罪を犯して禁錮以上の刑に処せられ、その執行を終わり、または執行を受けることがなくなった日から5年を経過しない者がいる場合には、登録は拒否される。しかし、刑の全部の執行猶予の言渡しを取り消されることなくその猶予の期間を経過したときは、刑の言渡しは効力を失う。執行猶予期間が経過すれば、この役員については刑に処せられなかったことになるから、登録は拒否されない（法6条1項8号・4号、刑法27条）。

問31　管理業法の適用

正解 2

基本テキスト
1編2章①
2編1章❹
3編3章❷
5編2章❼

ア　正しい。分別管理義務の規定（法16条）は、法の施行後における**適用除外の対象とはなっていない**（法附則3条1項）。法の施行後に管理業務が実施される場合には、家賃、敷金等の分別管理義務の規定が適用される（法FAQ集3（3）2）。

イ　誤り。法施行前に締結された契約に基づいて業務が実施される場合、法の施行後にも、**委託者への定期報告義務の規定（法20条）は適用されない**（法附則3条1項、FAQ集3（3）2）。

ウ　正しい。法施行前に締結された契約で、法施行後に書面を交付していないときは、**法の施行後に従前と異なる契約内容で変更契約を締結するにあたっては、定められた全ての事項について記載された書面の交付が必要である。**

エ　誤り。業務状況調書等の備置き、閲覧の規定（法32条）は、法の施行後における**適用除外の対象とはなっていない**（法附則3条2項）。したがって、法の施行前に締結された契約でも、法の施行後には、業務状況調書等を備置き、閲覧させなければならない。

以上により、誤っているものはイ、エの2つであり、正解は2となる。

問32　管理業者の監督

正解 2

基本テキスト
5編2章❾

1　正しい。国土交通大臣は、賃貸住宅管理業者に対し、業務の方法の変更その他業務の運営の改善に必要な措置をとるべき命令（業務改善命令）をすることができる（法22条）。

2　誤り。1年を超える期間の業務停止を命じることはできない。国土交通大臣は、賃貸住宅管理業者が、登録拒否事由（法6条1項各号。3号を除く）に該当したとき、または、不正の手段により登録を受けたとき、賃貸住宅管理業に関し法令または業務改善命令

（法22条）もしくは業務停止命令（法23条）に違反したときには、登録を取り消し、または、業務停止命令を発することができる（法23条1項）。業務停止命令は、**1年以内の期間を定め**、業務の全部もしくは一部の停止を命ずる命令である。

3　正しい。監督処分は、原則として、**当該監督処分をしようとする日前5年間に当該賃貸**住宅管理業者がした違反行為に対しすることとするとされている（賃貸住宅管理業者の違反行為に対する監督処分の基準Ⅰ2-1（1））。

4　正しい。業務停止の範囲は**新規の契約締結の禁止**である。既存の契約を履行する業務を、停止命令の範囲に含めることはできない（賃貸住宅管理業者の違反行為に対する監督処分の基準Ⅰ4（1））。

問33　特定転貸事業者

正解 **4**

1　誤り。賃貸住宅管理業法は、マスターリース契約を「特定賃貸借契約」と定義し、特定賃貸借契約に規制を加えているが、**賃貸人が賃借人と密接な関係を有するために規制対象とする必要がないマスターリース契約**については、特定賃貸借契約から除外し、**規制対象外**としている（法2条4項かっこ書）。

そして、特定賃貸借契約から除外される賃貸人と賃借人との関係は規則で定められており（規則2条1号〜7号）、賃貸人が**個人**、**賃借人が賃貸人の親族が役員である法人**の場合には、除外の対象となる。この場合には、誇大広告等の禁止の規律の遵守義務は課されない（規則2条1号ロ）。

2　誤り。賃貸人が**登録投資法人**である場合に、賃借人が登録投資法人の資産運用会社の関係会社であれば、除外の対象となる（規則2条3号）。しかし、賃借人が登録投資法人の資産運用会社の関係会社ではなく、**登録投資法人の関係会社であるときには、除外の対象と**はならない。したがって、本肢の関係があるときは、賃借人は、不当な勧誘等の禁止の規律を遵守しなければならない。

3　誤り。賃貸人が**特定目的会社（TMK）**、賃借人が**TMKの委託を受けて特定資産の管理および処分に係る業務を行う者の関係会社である場合**には、除外の対象となる（規則2条4号）。したがって、賃借人には、重要事項説明義務の規律の遵守義務は課されない。

4　正しい。賃貸人が**信託の受託者**、賃借人が**信託の委託者または受益者**の関係会社の場合には、除外の対象となる（規則2条7号イ）。したがって、賃借人には、契約締結時書面の交付の規律の遵守義務は課されない。

✎ 類題 R4 問39（過去問題集p396参照）

基本テキスト
5編3章❶②

問34　誇大広告等の禁止

正解 **2**

ア　不適切。「○年間借り上げ保証」などの表示が禁止されるわけではない。

ただし、このような広告を行う場合には、期間中であっても、業者から解約をする可能性があること、賃貸人からの中途解約条項があっても、賃貸人から解約するには借地借家法第28条に基づき正当な事由が必要であることを、あわせて表示しなければならない（法28条、規則43条1号、サブリースガイドライン4（3）④）。

基本テキスト
5編3章❷⑤

イ 適切。賃料の額の見直しがある場合は、その見直しの時期だけではなく、借地借家法第32条に基づく家賃の減額請求権および利回りについても誇大広告等が禁止される事項となる（法28条、規則43条1号、「解釈・運用の考え方」28条関係3（1）、サブリースガイドライン4（3）①）。

ウ 適切。広告において「家賃保証」「空室保証」など、空室の状況にかかわらず一定期間、一定の家賃を支払うことを約束する旨等の表示を行うことが禁止されるわけではない。ただし、このような広告を行う場合には、隣接する箇所に、定期的な家賃の見直しがある場合にはその旨、および借地借家法第32条の規定により減額されることがあることを表示することとされている（法28条、規則43条1号、サブリースガイドライン4（3）①）。

以上により、適切なものの組合せはイ、ウであり、正解は2となる。

問35 不当な勧誘等の禁止

正解 3

基本テキスト
5編3章❸②

ア 正しい。不当な勧誘等として禁止されるのは、特定賃貸借契約に関する事項であって特定賃貸借契約の相手方または相手方となろうとする者の**判断に影響を及ぼすこととなる重要なもの**についての**事実不告知または不実告知**である（法29条1号）。判断に影響を及ぼす重要なもの以外であれば、事実不告知または不実告知があっても、不当な勧誘等の禁止にはあたらない。

イ 誤り。事実不告知または不実告知は、**故意になされる場合**に不当な勧誘等としての禁止行為となる。故意とは、事実を認識しているにもかかわらず、あえてこれを告げない、またはあえて事実に反することを告げることである。いずれも故意になされることが禁止行為であり、故意がなければ、たとえ過失があっても、禁止される不当な勧誘等にはあたらない（「解釈・運用の考え方」29条関係4）。

ウ 正しい。**免責期間**（いわゆるフリーレントの期間）を故意に告げない行為は、事実不告知として、不当な勧誘等の禁止の違反となる（サブリースガイドライン5（6）①）。

エ 正しい。「維持修繕費用は全て事業者負担である」と述べる行為は、不実告知として、不当な勧誘等の禁止の違反となる（サブリースガイドライン5（6）②）。

以上により、正しいものはア、ウ、エの3つであり、正解は3となる。

問36 不当な勧誘等の禁止

正解 3

基本テキスト
5編3章❸③

1 不適切。威迫行為を行うことは不当な勧誘等となる（規則43条1号）。威迫行為とは、相手方等に不安の念を抱かせる行為である。脅迫とは異なり、相手方等に恐怖心を生じさせるまでに至らなくても、不安の念を抱かせることがあれば威迫行為となり、不当な勧誘等にあたる（「解釈・運用の考え方」29条関係5（1）、サブリースガイドライン5（7）①）。

2 不適切。相手方に迷惑を覚えさせるような時間の電話勧誘または訪問勧誘は禁止される（法29条2号、規則43条2号）。ただし、相手方の承諾を得ていれば、この時間帯の勧誘も

禁止されない。

　なお、迷惑を覚えさせるような時間かどうかは、相手方等の職業や生活習慣等に応じ個別に判断されるが、一般的には、午後9時から午前8時までの時間帯は、迷惑を覚えさせるような時間の勧誘となるものとされる（「解釈・運用の考え方」29条関係5（2）、サブリースガイドライン5（7）②）。

3　**最も適切。**契約締結または更新をしない旨の意思を表示した相手方に対して、**執ように勧誘する行為**が禁止事項である（法29条2号、規則43条4号）。本肢の行為の相手方は、契約締結または更新をしない旨の意思を口頭や書面で明示的に表明していないため、執ように勧誘する行為には該当しない。意思表示は口頭であるか、書面であるかを問わないが、明示的に行われたことを要する（「解釈・運用の考え方」29条関係5（4）、サブリースガイドライン5（7）④）。

4　**不適切。**執ように勧誘する行為として禁止されているのは、**勧誘方法や勧誘場所にかかわらず**、相手方が特定賃貸借契約の締結または更新をしない旨、または勧誘そのものを拒否する旨の意思表示をした以降、再度勧誘することであり、一度でも再勧誘を行えば違反行為にあたる（「解釈・運用の考え方」29条関係5（4）、サブリースガイドライン5（7）④）。

問37 **特定賃貸借契約重要事項説明**

正解 **2**

基本テキスト
5編3章❹①

　特定賃貸借契約の相手方が所定の専門家である場合には、重要事項説明を行う必要がない（法30条1項かっこ書）。重要事項説明が不要となる特定賃貸借契約の相手方は、次のとおりである（規則44条1号〜8号）。

① 特定転貸事業者
② 賃貸住宅管理業者
③ 宅地建物取引業者
④ 特定目的会社
⑤ 組合
⑥ 賃貸住宅に係る信託の受託者（委託者等が上記①〜④のいずれかに該当する場合に限る）
⑦ 独立行政法人都市再生機構
⑧ 地方住宅供給公社

　肢ア〜ウは、上記①〜③のとおり、いずれも**賃貸住宅の専門家として、重要事項説明を義務づけられない**場面である。したがって、ア、イは正しく、ウは誤り。

　他方、新たに賃貸人になろうとする者が200戸以上の賃貸住戸を賃貸する者（つまり、すでに他の物件の賃貸人）の場合であることは、特定転貸事業者の重要事項説明を免れさせる理由としては定められていないので、エは誤りとなる。

　以上により、誤っているものの組合せはウ、エであり、正解は2となる。

✎ 類題 R4 問49（過去問題集p396参照）

正解 4

1 **不適切。**特定賃貸借契約重要事項説明は、**特定転貸事業者自らが行う必要がある**（「解釈・運用の考え方」30条関係1）。

2 **不適切。**特定賃貸借契約重要事項説明は、新たに特定賃貸借契約を締結しようとする場合のみでなく、特定賃貸借契約変更契約を締結しようとする場合もこれに該当するが、特定賃貸借契約変更契約を締結しようとする場合には、**変更のあった事項について、賃貸人に対して書面の交付等を行った上で説明すれば足りる**（「解釈・運用の考え方」30条関係1）。

3 **不適切。**法施行前に締結された特定賃貸借契約で、法施行後に賃貸人に対して特定賃貸借契約重要事項説明を行っていない場合は、特定賃貸借契約変更契約を締結しようとするときに、**法令で定められた全ての事項について**、特定賃貸借契約重要事項説明を行わなければならない（「解釈・運用の考え方」30条関係1）。

4 **最も適切。**特定賃貸借契約が締結されている家屋等が、契約期間中現賃貸人から売却等されることにより、賃貸人たる地位が新たな賃貸人に移転し、従前と同一内容によって当該特定賃貸借契約が承継される場合、特定転貸事業者は、賃貸人たる地位が移転することを認識した後、**遅滞なく、新たな賃貸人に当該特定賃貸借契約の内容が分かる書類を交付することが望ましい**（「解釈・運用の考え方」30条関係3）。

基本テキスト
5編3章❹①

✎ **類題** R5 問36（過去問題集p398参照）

正解 1

1 **最も不適切。**新規契約の重要事項説明については、**電話やメールによる手段のみでの重要事項説明は認められない**（FAQ集4（4）No.12）。

2 **適切。**変更契約の重要事項説明であれば電話で説明を行うことができるが、電話で説明を行うためには、賃貸人から特定転貸事業者に対し、**電話により特定賃貸借契約変更契約の説明を行ってほしいとの依頼があることが必要である**（「解釈・運用の考え方」30条関係4（2）、13条関係4（3）、FAQ集4（4）No.12）。

3 **適切。**特定転貸事業者は、変更契約については電話によって重要事項説明を行うことができるが、電話によって重要事項説明を行った場合は、**賃貸人が変更契約の重要事項説明の内容を理解したかどうかを確認する必要がある**（「解釈・運用の考え方」30条関係4（2）、13条関係4（3）、FAQ集4（4）No.12）。

4 **適切。**変更契約の重要事項説明について賃貸人から特定転貸事業者に対し、電話により特定賃貸借契約変更契約の重要事項説明を行ってほしいとの依頼があった場合であっても、賃貸人から、**対面またはITの活用による説明を希望する旨の申出があったときは、申出のあった方法により説明する必要がある**（「解釈・運用の考え方」30条関係4（2）、13条関係4（3）、FAQ集4（4）No.12）。

基本テキスト
5編3章❹①
5編3章❹③

問40 特定賃貸借標準契約書

1 **正しい。**「借主は、次の各号に定める内容を転貸条件としなければならない」「自ら又は第三者を利用して、次の行為をしないこと。偽計又は威力を用いて相手方の業務を妨害し、又は**信用を毀損する行為**」と定められている（特定賃貸借標準契約書9条2項・2項1号ニ（2））。

2 **誤り。**「借主又は転借人の一方について、次のいずれかに該当した場合には、その相手方は、**何らの催告も要せずして、転貸借契約を解除することができる**とすること。」「契約締結後に自ら又は役員が**反社会的勢力に該当した場合**」と定められている（特定賃貸借標準契約書9条2項4号ロ）。借主または転借人が契約締結後に反社会的勢力に該当した場合には、催告のうえ転貸借契約を解除できる、ではなく、何らの催告も要せずして転貸借契約を解除することができるとすることが転貸条件となっている。

3 **正しい。**「本契約が終了した場合（第19条の規定に基づき本契約が終了した場合を除く。）には、貸主は、転貸借契約における借主の転貸人の地位を当然に承継する」と定められている（特定賃貸借標準契約書21条1項）。19条には、「本契約は、**本物件の全部が滅失その他の事由により使用できなくなった場合には、これによって終了する**」とされており、本物件の全部が滅失その他の事由により使用できなくなった場合には、借主の転借人の地位は当然承継されない。

4 **正しい。**「本契約が終了した場合（第19条の規定に基づき本契約が終了した場合を除く。）には、貸主は、転貸借契約における借主の転貸人の地位を当然に承継する」と定められているが（特定賃貸借標準契約書21条1項）、転借人について、**反社会的勢力に自己の名義を利用させ、この契約を締結するものでないという確約の違反が判明した場合**（同契約書9条2項1号ハ）には、本契約が終了しても、**転貸借契約における借主の転貸人の地位を承継しない**（同契約書21条2項）。

基本テキスト
5編3章⑥9
5編3章⑥11

問41 特定転貸事業者等への罰則

1 **懲役刑が科される違反行為である。**本肢は、事実不告知または不実告知による不当な勧誘等の禁止（法29条1号）の違反行為に対する罰則の問題である。事実不告知または不実告知の不当な行為等の禁止の違反行為については、**6か月以下の懲役もしくは50万円以下の罰金に処され、またはこれが併科される**（法42条2号）。

2 **懲役刑が科される違反行為ではない。**本肢は、**誇大広告等の禁止**（法28条）の違反行為に対する罰則の問題である。誇大広告等の禁止の違反行為については、違反行為をした者は、**30万円以下の罰金に処せられる**が（法44条10号）、懲役刑は定められていない。

3 **懲役刑が科される違反行為ではない。**本肢は、規則違反行為である**威迫行為による不当な勧誘等の禁止**（法29条2号、規則43条1号）の違反行為に関する問題である。威迫行為など規則違反行為としての不当な勧誘等の禁止（法29条2号、規則43条1号～4号）の違反行為については、**罰則の規定はなく、懲役刑は定められていない**。

4 **懲役刑が科される違反行為ではない。**本肢は、契約締結時書面の交付義務（法31条1項）の違反行為に関する問題である。契約締結時書面の交付義務の違反に対しては、**50万円以**

基本テキスト
5編3章⑧5
5編3章②1
5編3章③1
5編3章⑤1

下の罰金に処せられるが（法43条）、懲役刑は定められていない。

1　正しい。一般社団法人賃貸不動産経営管理士協議会による**賃貸不動産経営管理士試験に合格**したうえで、**登録手続を完了した者**が賃貸不動産経営管理士である。

基本テキスト
5編2章❹2
5編2章❹3

2　正しい。**一般社団法人賃貸不動産経営管理士協議会**による賃貸不動産経営管理士の資格を付与する事業は、業務管理者の知識および能力を有することを証明する事業として、**国土交通大臣の登録を受けている**。

そして、賃貸住宅管理業法によって、業務管理者として選任されるためには、管理業務に関し2年以上の実務の経験を有する者、または国土交通大臣がその実務の経験を有する者と同等以上の能力を有すると認めた者であって（規則14条はしら書）、かつ、業務管理者の知識および能力を有することを証明する事業（証明事業）として、国土交通大臣の登録を受けたもの（登録証明事業）による証明を受けている者（規則14条1号）などであることを要するものとされている。

3　誤り。賃貸住宅管理業者は、その営業所または事務所ごとに、1人以上の業務管理者を選任して、営業所または事務所における業務に関し、**管理受託契約の内容の明確性、管理業務として行う賃貸住宅の維持保全の実施方法の妥当性**等についての管理および監督に関する事務を行わせなければならないものとされている（法12条1項）。従業者証明書の携帯（法17条1項）は、業務管理者が行う管理および監督の対象事項には含まれていない。

4　正しい。業務管理者の行うべき管理および監督に関する事務は、肢3の解説のとおりである。**賃貸住宅の入居者の居住の安定および賃貸住宅の賃貸に係る事業の円滑な実施を確保するため必要な事項**は、業務管理者の行うべき管理および監督の対象事項である。

1　適切。差別の解消の推進に関する対応指針（指針）では、不動産管理業者が重要事項の説明等を行うにあたって、知的障害を有する者やその家族等から**分かりづらい言葉に対して補足を求める旨の意思の表明があったにもかかわらず、補足をすることなく説明を行う**ことは、合理的配慮の提供義務違反に該当するものとされている。

基本テキスト
6編4章❶3

2　適切。指針では、電話利用が困難な障害者から**直接電話する以外の手段**（メールや電話リレーサービス等の手話を介した電話または保護者や支援者・介助者の介助等）**により各種手続が行えるよう対応を求められた場合**に、自社マニュアル上、当該手続は利用者本人による電話のみで手続可能とすることとされていることを理由として、**具体的に対応方法を検討せずに対応を断ること**は、合理的配慮の提供義務違反に該当するものとされている。

3　最も不適切。不動産管理業者が、歩行障害を有する者やその家族等に、**個別訪問により重要事項説明等を行うことを求められた場合**に、個別訪問を可能とする人的体制を有していないため対応が難しい等の理由を説明した上で、**当該対応を断ることは、合理的配慮の提供義務違反に該当しない事例**とされている。なお、あわせて、個別訪問の代わりに、相

【解答・解説】第3回

手方等の承諾を得て、WEB会議システム等を活用した説明を行うこと等により**歩行障害を有する者が契約等の機会を得られるよう配慮する**ことが望ましいと述べられている。

4　**適切。**指針では、建物内の掲示または各戸に配布されるお知らせ等について、障害者やその家族・介助者等から**文章の読み上げやテキストデータによる提供を求める旨の意思の表明**があったにもかかわらず、具体的に対応方法を検討せずに対応を断ることは、合理的配慮の提供義務違反に該当するものとされている。

問44　個人情報保護法

正解 4

基本テキスト
6編4章❸ ⑤

　個人情報保護法上、個人情報取扱事業者に個人情報保護委員会への報告が義務づけられるのは、①**要配慮個人情報の漏えい**、②**財産的被害が発生するおそれがある場合**、③**不正アクセス等故意による場合**、④**1,000人を超える個人データが漏えいした場合**である。ア、イ、エは報告対象だが、ウは報告対象ではない。件数による基準としては、100人ではなく、1,000人を超える個人データが漏えいした場合に報告対象となる。

　以上により、個人情報保護委員会への報告が義務づけられていないものはウの１つであり、正解は4となる。

問45　建設業法

正解 1

基本テキスト
6編4章❺

1　**誤り。**建設業を営むためには、国土交通大臣または都道府県知事の許可を受けなければならない（建設業法３条１項本文）。許可権者は、二以上の都道府県の区域内に営業所を設けて営業しようとする場合は、**国土交通大臣**、一の都道府県の区域内のみに営業所を設けて営業しようとする場合は、**都道府県知事**となる。大臣許可と知事許可は、**営業所の所在地で区分される**。営業を行うことができる区域は制限されない。

2　**正しい。軽微な建設工事のみを請け負うことを営業する場合**には、許可がなくても建設業を営むことができる（建設業法３条１項ただし書）。許可不要となる軽微な建設工事は、工事一件の請負代金の額が建築一式工事にあっては1,500万円に満たない工事または延べ面積が150㎡に満たない木造住宅工事、建築一式工事以外の建設工事にあっては500万円に満たない工事である（建設業法施行令１条の２第１項）。

3　**正しい。延べ面積が150㎡に満たない木造住宅の建築一式工事だけ**を行う場合は、軽微な建築工事のみを請け負うことを営業とする場合にあたるから、許可は不要である。

4　**正しい。建築一式工事以外の建設工事**であって、**工事代金が500万円未満の工事だけ**を行う場合は、軽微な建築工事のみを請け負うことを営業とする場合にあたるから、許可は不要である。

1　正しい。家電リサイクル法の対象となる廃棄物は、①エアコン、②テレビ（ブラウン管、液晶・プラズマ）、③冷蔵庫・冷凍庫、④洗濯機・衣類乾燥機の４つ（いずれも家庭用機器のみ）である（家電リサイクル法２条４項・５項、特定家庭用機器再商品化法施行令１条）。これらの４つの機器が、家電４品目と称されている。

基本テキスト
6編4章❾⑤

2　正しい。法律による義務の対象は、**小売業者**と**製造業者**であり、小売業者と製造業者に家電４品目の再商品化が義務づけられる。再商品化とは、「機械器具が廃棄物となったものから部品及び材料を分離し、自らこれを製品の部品又は原材料として利用する行為」および「機械器具が廃棄物となったものから部品及び材料を分離し、これを製品の部品又は原材料として利用する者に有償又は無償で譲渡し得る状態にする行為」である（家電リサイクル法２条１項１号・２号）。

3　誤り。小売業者には、家電リサイクル法上、次の義務が課されている。
　①　消費者及び事業者（排出者）からの引取義務（家電リサイクル法９条）
　②　製造業者等への引渡義務（同法10条）
　③　収集運搬料金の公表・応答（リサイクル料金を含む）義務（同法13条）
　④　**管理票（家電リサイクル券）の交付・管理・保管等義務**（同法44条）
　管理票の交付・管理・保管等も、小売業者の法律上の義務である。

4　正しい。賃貸管理業者は、家電量販店・共同調達組織・販社などから家庭用エアコンを調達し、オーナーにその代金を請求している場合には、**小売業者に該当する**。賃貸管理業者が小売業者に該当する場合には、家電リサイクル券システムを活用し、小売業者としての家電リサイクル法の義務を果たす必要がある。具体的には、家庭用エアコンの所有者からのリサイクル料金等の受領とエアコンの引取り、家電リサイクル券の写しの交付、製造事業者等に引渡し実施という家電リサイクル法上の義務が課される。
　なお、小売業者に該当しない場合には、法律上この義務が課されるものではない（ただし、小売業者に該当しない場合にも、エアコン等の購入先の小売業者に、家電リサイクル券の発行と排出者控えの交付を依頼することが望ましいとされている）。

1　正しい。不動産を相続しても相続登記がなされないことが所有者不明土地の発生要因になっていた。そのため、不動産（土地建物）を相続した場合には、**相続で土地建物を取得したことを知ったときから３年以内に相続登記をすることが義務化**された。相続人が不動産（土地・建物）を相続で取得した場合には、相続で不動産を取得したことを知った日から３年以内に、相続登記をしなければならない。遺産分割（相続人間の話合い）で不動産を取得した場合も、別途、遺産分割から３年以内に、遺産分割の内容に応じた登記をする必要がある。

基本テキスト
6編4章❽

2　正しい。正当な理由がないのに、不動産の相続を知ってから３年以内に相続登記の申請をしないと、**10万円以下の過料に処される**ものとされている。

3　誤り。相続登記の義務化の規定の施行は2024年（令和６年）４月１日であるところ、この施行日以前に相続が発生していた場合にも、相続登記の義務化の規定は適用される。令

和6年4月1日より前に相続した不動産で、相続登記がされていないものについては、令和9年3月31日までに相続登記をしなければならない。

4　**正しい。**相続登記の義務を履行するための簡易な方法として、相続人申告登記の制度が設けられた。法務局（登記官）に対して、**対象となる不動産を特定した上で、（1）所有権の登記名義人について相続が開始した旨**および（2）**自らがその相続人である旨を申し出る制度**である。相続人申告登記がなされた場合には、申出をした相続人について、相続登記の義務を履行したものとみなされる。ただし、遺産分割がされた後にこれに基づく登記をする義務を相続人申告登記によって履行することはできないし、また不動産についての権利関係を公示するものではなく、相続人申告登記の制度効果は限定的である。

問48　固定資産税

正解 **4**

基本テキスト
6編5章❶⑤

1　**誤り。**固定資産税は、同一市町村内に同一人が所有する土地・家屋・償却資産の課税標準の合計について、それぞれ、①土地30万円、②建物20万円、③償却資産150万円に満たないときは、原則として課税されない。これを固定資産税の免税点という。

2　**誤り。**固定資産税の標準税率は1.4/100であり、特に必要があるときには、**自治体によって標準税率と異なる税率を定めることもできる。**標準税率を上回って課税する場合の上限である制限税率の定めはない。

3　**誤り。**固定資産税の課税標準は、住宅用地（土地）の場合、200㎡以下の部分と200㎡を超える部分に区分され、**200㎡以下の部分（小規模住宅用地）は1/6に、**200㎡を超える部分（その他の住宅用地）は1/3に、それぞれ軽減される。

4　**正しい。**店舗併用住宅が土地上に存在する場合には、**居住用部分が建物の1/2以上であれば、**敷地すべてが住宅用地とみなされる特例が適用される。

🖋️ **類題** R1 問35（過去問題集p514参照）

問49　地震保険

正解 **1**

基本テキスト
6編5章❷③
2編4章❷③

1　**最も不適切。**地震保険は、地震、噴火またはこれらによる津波を直接または間接の原因とする火災、損壊、埋没または流失による損害に対する保険であるが、**居住の用に供する建物または生活用動産のみを目的とする保険**であって、事業用の建物や事業用の動産は、保険の目的とならない（地震保険法2条2項1号・2号）。

　　なお、地震保険は、「地震保険に関する法律（地震保険法）」に基づいて組成・運用され、政府と保険会社が一体となって運営されている。

2　**適切。**地震保険契約は単独で加入できる保険ではなく、**特定の損害保険契約に付帯する保険**である。てん補する額は、付帯される損害保険契約の保険金額の30/100以上、50/100以下の額に相当する金額までである（地震保険法2条2項3号・4号）。

　　なお、「特定の損害保険契約」とは、**火災保険、火災相互保険等**のことである（地震保険法施行規則1条2項）。

3　**適切。**地震保険には、損害保険契約の保険金額に対する割合のほか、**居住用建物5,000**

万円、生活用動産1,000万円を上限とするという制約も加えられている（地震保険法施行令2条）。

4　適切。り災証明書は、**市町村長によって作成される証明書**である。被災者は、り災証明書によって、保険給付の請求や税の減免などの各種支援を受ける。

✎ 類題 R2 問42（過去問題集p522参照）

問50　不動産の証券化

正解 1

基本テキスト
6編6章④

ア　不適切。私募リートは、証券取引所に上場されていないけれども、**投信法に基づいて組成された不動産投信（不動産投資信託）**である。一定の条件下で投資口の払戻しが認められるが、流通市場がなく換金性が乏しい。私募リートの規模は5兆円を超える規模に拡大している。

イ　不適切。私募ファンドは運用期間が定められているが、私募リートは、Jリートと同じく、**運用期間の定めがない**。物件の追加や入替えにより永続的に運用されることが想定される。

ウ　不適切。私募リートは、Jリートと比較すると、**投資家数が少なく投資家の投資額が大きい**。私募ファンドと比較すると、**投資家数が多く、投資家の投資額が大きい**という特徴がある。
　すなわち、投資家数　　私募ファンド＜私募リート＜Jリート
　　　　　　投資金額　　Jリート　　＜私募リート＜私募ファンド
という関係になる。

以上により、いずれの記述も不適切であり、正解は1となる。

【解答・解説】第3回

賃貸不動産経営管理士

日建学院

2021年から国家資格に！取るなら今しかない‼

賃貸不動産経営管理士は、4月21日に発表された国土交通省令にて、国家資格となりました。

賃貸物件を扱うスペシャリスト資格‼

国家資格化を果たした賃貸不動産経営管理士にはこれまで以上に幅広く適切な知識が求められるとともにその社会的な重要性はより一層、高まってくるものと思われます。

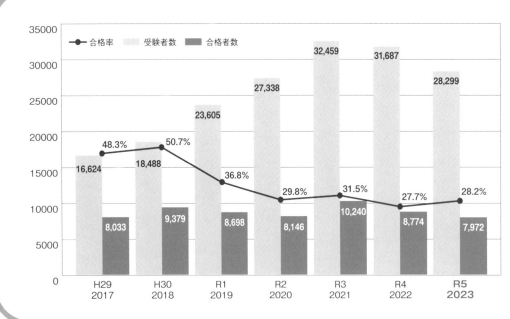

賃貸不動産経営管理士試験

受験者数and合格率

	H29 2017	H30 2018	R1 2019	R2 2020	R3 2021	R4 2022	R5 2023
合格率	48.3%	50.7%	36.8%	29.8%	31.5%	27.7%	28.2%
受験者数	16,624	18,488	23,605	27,338	32,459	31,687	28,299
合格者数	8,033	9,379	8,698	8,146	10,240	8,774	7,972

令和6年度 賃貸不動産経営管理士試験

願書請求・願書提出期間	令和6年8月1日（木）〜9月26日（木） ※願書請求期間は令和6年9月19日（木）12:00まで
試　験　日	令和6年11月17日（日）13:00〜15:00
受　験　料	12,000円

※賃貸不動産経営管理士試験の詳細は、一般社団法人 賃貸不動産経営管理士協議会のHPをご参照ください。

【正誤表の確認方法】

本書の記載内容に万一、誤り等があった場合には、下記ホームページ内に正誤表を掲載いたします。

https://www.kskpub.com ➡ お知らせ（訂正・追録）

※掲載内容は予告なく変更する場合があります。掲載期間は令和6年度試験の終了時、または改訂版が発行されるまでとなります。

【正誤に関するお問合せについて】

本書の記載内容について誤り等が疑われる箇所がございましたら、**郵送・ＦＡＸ・Ｅメール等の文書**で以下の連絡先までお問合せください。その際には、お問合せをされる方のお名前・連絡先等を必ず明記してください。

また、お問合せの受付け後、回答をお送りするまでには時間を要しますので、あらかじめご了承いただきますようお願い申し上げます。

なお、正誤に関するお問合せ以外の**ご質問、受験指導および相談等は受け付けておりません**。そのようなお問合せにはご回答いたしかねますので、あらかじめご了承ください。

[郵送先] 〒171-0014　東京都豊島区池袋2-38-1　日建学院ビル 3F
建築資料研究社 出版部「賃貸不動産経営管理士」正誤問合せ係
[FAX] 03-3987-3256
[Eメール] seigo@mx1.ksknet.co.jp

お電話によるお問合せは、受け付けておりません。

＊装丁・DTP ／Show's Design株式会社（新藤昇）
＊イラスト ／しまだいさお（http://shimadaisao.g1.xrea.com）

2024年度版
どこでも！学ぶ　賃貸不動産経営管理士 **直前予想模試**

2024年7月31日　初版第1刷発行

編　　著　賃貸不動産経営管理士資格研究会
発　行　人　馬場 栄一
編集・発行　株式会社建築資料研究社
〒171-0014
東京都豊島区池袋2-38-1　日建学院ビル 3F
TEL：03-3986-3239　FAX：03-3987-3256
印刷所　株式会社埼京印刷

©賃貸不動産経営管理士資格研究会2024　　ISBN978-4-86358-945-2　C0032